Sobre a genealogia da moral

um escrito polêmico

Livros do autor publicados pela **L&PM** EDITORES:

Além do bem e do mal
O anticristo
Assim falou Zaratustra
Crepúsculo dos ídolos
Ecce homo
A filosofia na era trágica dos gregos
Sobre a genealogia da moral
Nietzsche – obras escolhidas: Além do bem e do mal,
    O anticristo, Ecce homo
Nietzsche – SÉRIE OURO (A filosofia na era trágica dos
    gregos, Além do bem e do mal, Crepúsculo dos ídolos,
    O anticristo, Ecce homo)
Por que sou tão sábio

Leia também:
Assim falou Zaratustra (MANGÁ)
Nietzsche – Jean Granier (SÉRIE **ENCYCLOPAEDIA**)
Nietzsche – Dorian Astor (SÉRIE BIOGRAFIAS)

NIETZSCHE

Sobre a genealogia da moral

um escrito polêmico

Tradução do alemão, apresentação e notas de
RENATO ZWICK

www.lpm.com.br
L&PM POCKET

Coleção **L&PM** POCKET, vol. 1291

Texto de acordo com a nova ortografia.
Título original: *Zur Genealogie der Moral. Eine Streitschrift*
Tradução baseada no vol. 5 da *Kritische Studienausgabe*, DTV/de Gruyter, Munique/Berlim e Nova York, 1999, p. 245-412

Primeira edição na Coleção **L&PM** POCKET: setembro de 2018
Esta reimpressão: fevereiro de 2025

Tradução do alemão, apresentação e notas: Renato Zwick
Capa: Ivan Pinheiro Machado
Preparação: Marianne Scholze
Revisão: Jó Saldanha

CIP-Brasil. Catalogação na publicação
Sindicato Nacional dos Editores de Livros, RJ

N581s

Nietzsche, Friedrich, 1844-1900
 Sobre a genealogia da moral: um escrito polêmico / Friedrich Nietzsche; tradução e notas Renato Zwick. – 1. ed. – Porto Alegre [RS]: L&PM, 2025.
 192 p. ; 18 cm.   (Coleção L&PM POCKET, v. 1291)

 Tradução de: *Zur Genealogie der Moral. Eine Streitschrift*
 ISBN 978-85-254-3678-8

 1. Filosofia alemã. I. Zwick, Renato. II. Título.

17-44506	CDD: 193
	CDU: 1(43)

© da tradução, apresentação e notas, L&PM Editores, 2017

Todos os direitos desta edição reservados a L&PM Editores
Rua Comendador Coruja, 314, loja 9 – Floresta – 90220-180
Porto Alegre – RS – Brasil / Fone: 51.3225.5777

Pedidos & Depto. comercial: vendas@lpm.com.br
Fale conosco: info@lpm.com.br
www.lpm.com.br

Impresso no Brasil
Verão de 2025

Sumário

Apresentação – *Renato Zwick* 7

Prólogo 13

Primeira dissertação:
"bom e mau", "bom e ruim" 24

Segunda dissertação:
"culpa", "má consciência" e afins 62

Terceira dissertação:
o que significam ideais ascéticos? 110

Apresentação

*Renato Zwick**

Conforme esclarece o subtítulo, *Sobre a genealogia da moral* é um "escrito polêmico", uma *Streitschrift*. *Streit* significa propriamente "briga, rixa, contenda, desavença", e a linguagem com que Nietzsche entra em conflito com várias concepções tradicionais é correspondentemente agressiva, feroz, sarcástica e apaixonada.

Essa paixão é por certo uma das características que de início mais chamarão a atenção do leitor: as expressões hiperbólicas e categóricas, as repetições, as longas cadeias de adjetivos, as pausas bruscas (indicadas por travessões ou reticências), a profusão de ênfases (itálicos e aspas), a abundância de interrogações e exclamações, os contrastes marcados (senhor/escravo, animal de rapina/animal de rebanho, saúde/doença, ativo/reativo) e a recorrência da perspectiva globalizante expressa por locuções como

---

* Bacharel em filosofia pela Unijuí e mestre em letras (língua e literatura alemã) pela USP. É tradutor de Nietzsche (*O anticristo*, L&PM, 2008; *Crepúsculo dos ídolos*, L&PM, 2009; e *Além do bem e do mal*, L&PM, 2008), de Rilke (*Os cadernos de Malte Laurids Brigge*, L&PM, 2009), de Freud (*O futuro de uma ilusão*, 2010; *O mal-estar na cultura*, 2010; *A interpretação dos sonhos*, 2012; *Totem e tabu*, 2013; *Psicologia das massas e análise do eu*, 2013; *O homem Moisés e a religião monoteísta*, 2014; *Compêndio da psicanálise*, 2014, todos publicados pela L&PM Editores) e de Karl Kraus (*Aforismos*, Arquipélago, 2010), e cotradutor de Thomas Mann (*Ouvintes alemães!: discursos contra Hitler (1940-1945)*, Jorge Zahar, 2009).

"sobre a Terra" e "do futuro do homem" são algumas das peculiaridades dessa linguagem. Numa carta de 20 de dezembro de 1887 ao amigo Peter Gast, um mês após a publicação do livro, o próprio autor reconhece: "A paixão de meu último escrito tem algo de assustador: li-o anteontem com profundo assombro e como algo novo".

Essa linguagem de extremos também serve de expressão a posições que hoje, de um modo geral, não consideraríamos mais do que preconceitos, erros ou simplificações: é o caso do conceito de "raça", da baixa opinião que Nietzsche tem da democracia, da paz e da igualdade de direitos para as mulheres; do desdém por Darwin e pelo conceito de átomo; ou mesmo da conotação quase sempre negativa dada a termos como "niilismo" e "anarquismo".

Para exemplificar com o caso de Darwin: num fragmento de duas páginas datado de 1888, publicado apenas postumamente e intitulado "Anti-Darwin", lê-se a dada altura que "até agora não foi atestado por um único caso que os organismos superiores se desenvolveram a partir dos inferiores". Atualmente, apenas os partidários da corrente pseudocientífica do criacionismo subscreveriam essa afirmação, sem falar que a diferenciação entre organismos "superiores" e "inferiores" é bastante problemática; a complexidade de uma bactéria não deve nada à de um organismo pluricelular. Em favor de Nietzsche, pode-se dizer que ele não deriva disso qualquer tipo de antropocentrismo, mas considera que o homem "não é de modo algum a coroa da criação; toda criatura, comparada com ele, se encontra num mesmo nível de perfeição", conforme dirá numa obra posterior, *O anticristo*. Na "Segunda dissertação" desta *Genealogia*, Nietzsche chega até a ensaiar uma analogia de feitio evolucionista para apoiar sua hipótese sobre a origem da "má consciência": ele supõe que esta seja o produto de uma mudança semelhante à ocorrida quando os animais aquáticos passaram à terra, com a importante diferença de que na hipótese do filósofo a mudança foi súbita, enquanto na natureza essas mudanças tendem a ser lentas e graduais.

O caso dos termos "anarquismo" e "niilismo", para tomar um segundo exemplo, também exige matizações. Se em *Aurora*, obra de 1881, ainda encontramos o brado enfático "Quanto menos Estado possível!" (seção 179), que tão bem parece ecoar o lema que abre o ensaio de 1849 *A desobediência civil*, de Henry Thoreau ("O melhor governo é o que menos governa"), nesta *Genealogia* a palavra "anarquismo", que bem poderia ser entendida como a síntese daquele brado e deste lema, aparece invariavelmente como um sinônimo de decadência e dissolução. É o mesmo caso com "niilismo". Para quem talvez tenha se familiarizado com o termo a partir do romance *Pais e filhos*, de Ivan Turguêniev, publicado em 1862, em que "niilista" designa "aquele que considera tudo de um ponto de vista crítico", uma "pessoa que não se curva diante de nenhuma autoridade, que não admite nenhum princípio aceito sem provas, com base na fé, por mais que esse princípio esteja cercado de respeito", o uso que Nietzsche dá a esse termo é desconcertante. Se o niilista de Turguêniev é um questionador, um verdadeiro filósofo, em Nietzsche o termo "niilismo" designa o que o pensador julga ser a tendência imanente do cristianismo, do budismo e do pessimismo schopenhauriano – a tendência ao *nada*, à não existência, ao não ser.

Essas necessárias matizações e essas tantas outras coisas que hoje consideraríamos apenas erros e preconceitos nefastos não diminuem, no entanto, a relevância do livro e a pertinência de suas teses básicas.

Em sua "Primeira dissertação", Nietzsche demonstra como o cristianismo tem sua raiz no ressentimento: o que gerou essa religião foi um modo peculiar de valorar, em que o ponto de partida não é o próprio valorador, mas um outro, considerado "mau". E se o outro é "mau", logo o cristão (ou o escravo, na terminologia de Nietzsche) é "bom". O nobre (ou senhor), em contrapartida, valora a partir de si mesmo, julgando "bom" a si próprio e apenas secundariamente julgando "ruim" (e não "mau") o outro.

É já nesta primeira dissertação que aparece a famosa "*besta loura* vagando avidamente em busca de despojo e vitória", que tantos mal-entendidos gerou e gera na recepção de Nietzsche. Conforme destaca Curt Paul Janz, um de seus biógrafos, "levou-se Nietzsche a mal por esse apavorante diagnóstico do ser humano, como se ele tivesse inventado ou mesmo recomendado essa 'besta loura'. Com o ataque à percepção desnudadora de Nietzsche, buscou-se recalcar a vergonha de si mesmo – para não falar do abuso contrário, a justificação da própria desumanidade. Ao falar do 'animal de rapina solto', Nietzsche tem conscientemente em vista estados *pré*-históricos ou pelo menos bastante remotos."

Na "Segunda dissertação", Nietzsche trata da origem da consciência moral, chegando à conclusão de que ela é o resultado de uma brusca mudança do modo de vida do ser humano, que em dado momento deixou de ser aquela besta selvagem para se tornar um animal manso: a agressão, antes dirigida para fora sem peias, passou a se voltar ao próprio indivíduo. Esse fator foi aproveitado à larga pelo cristianismo, uma religião especialmente refinada nas práticas de automartírio, levadas a tais extremos que o mundo inteiro acabou assumindo o aspecto de uma casa de doidos: "a Terra já foi um hospício por tempo demais!", exaspera-se Nietzsche por fim. Em suas linhas gerais, essa tese da interiorização da agressividade seria retomada e desenvolvida por Sigmund Freud quatro décadas depois em *O mal-estar na cultura*, obra de 1930.

A "Terceira dissertação", por fim, esclarece a origem do poder do que Nietzsche chama de "ideal ascético". Segundo o filósofo, esse teria sido o único ideal até agora existente: à falta de coisa melhor, ele foi cultivado e propagado pelo tipo sacerdotal, apesar de representar uma vontade de nada. A descrição e o ataque a esse tipo sacerdotal preludiam as ainda mais violentas investidas de *O anticristo* (1888).

Intimamente mesclada a essas três análises – as psicologias do cristianismo, da consciência moral e do sacerdote – encontra-se a autopercepção do filósofo. Nietzsche considera que, por um lado, é papel do filósofo determinar as hierarquias de valores (embora não detalhe devidamente essa questão); por outro lado, julga que em sua pessoa a "vontade de verdade" tomou consciência de si mesma como problema, ou seja, que caberia questionar qual é o valor da verdade. Sendo esta a instância suprema instaurada pelo ideal ascético, é inevitável que a sua busca persistente leve ao desnudamento da mentira desse ideal, de toda a mendacidade dos conceitos religiosos, uma busca cuja forma extrema é representada pela ciência. O problema, para Nietzsche, é que com isso a ciência não é propriamente uma antagonista do ideal ascético; a verdadeira antagonista seria, isto sim, a arte. Em suma: contra as ilusões religiosas e metafísicas, a ilusão da arte.

É difícil concordar com Nietzsche quando deriva dessa maneira a ciência da religião (embora isso pudesse fornecer uma pista tentadora para resolver o assombroso enigma representado pelo fato de tantos cientistas e intelectuais se mostrarem tão condescendentes em relação às irracionalidades da fé ou até mesmo se declararem religiosos sem o menor pudor). Essa derivação também parece refutar os casos felizes em que a curiosidade científica se aliou produtivamente à realização artística, como em Da Vinci ou Goethe. Além disso, ao afirmar que a ciência não tornou o homem menos necessitado de uma solução transmundana para o enigma de sua existência, Nietzsche parece se alinhar, involuntária e lamentavelmente, com a mentalidade básica de todos os ilusionistas da fé: o padre, a cartomante, o pastor, o rabino, a mãe de santo, o imã, o médium e todos os outros pelotiqueiros metafísicos que fazem seus truques na feira livre das crenças concordam que tal necessidade existe e precisa ser satisfeita. Todos vivem, prosperam e proliferam graças a ela, tratando de inoculá-la sempre que possível, como uma infecção, nos cérebros frescos ainda não imunizados pela razão, pela desconfiança e pela crítica.

Caberia perguntar – e esse passo Nietzsche não dá – se essa necessidade poderia mesmo surgir caso os mencionados charlatães não tivessem acesso irrestrito a mentes jovens e impressionáveis. Por ainda disporem de tanto poder – e nossas sociedades parecem se afastar cada vez mais de visões de mundo laicas –, o hospício do mundo inaugura novas alas a cada semana que passa.

Leiamos e releiamos Nietzsche, apesar de tudo. Por mais que o filósofo insista que a busca da verdade, o ateísmo e a ciência sejam apenas a derradeira consequência e o próprio cerne do ideal ascético, muitas de suas mais aguçadas percepções abalam com força inigualável justamente o edifício das ilusões religiosas. Desse modo, o velho filósofo continua sendo um dos bons companheiros de descrença com quem se pode contar neste mundo tão fortemente assolado pela demência religiosa.

Prólogo

1.

Somo-nos desconhecidos, nós, conhecentes[1], nós mesmos a nós mesmos: isso tem lá o seu bom motivo. Nunca procuramos por nós – como poderia acontecer que um dia nos *encontrássemos*? Com razão se disse: "onde está o teu tesouro, aí estará também o teu coração"[2]; o *nosso* tesouro está ali onde se encontram as colmeias de nosso conhecimento. Estamos sempre a caminho delas, como animais alados natos e coletores de mel do espírito; importamo-nos de coração, no fundo, com apenas uma só coisa – "levar algo para casa". Quanto ao restante da vida, às chamadas "vivências" – quem de nós tem sequer a seriedade suficiente para isso? Ou o tempo suficiente? No tocante a tais coisas, receio que elas nunca nos "tocaram" propriamente: nosso coração simplesmente não está aí – e nem sequer o nosso ouvido! Pelo contrário: como uma pessoa divinamente distraída

---

1. "Conhecente" (ou "cognoscente") traduz *Erkennender*, "aquele que está em processo de conhecer", por contraste implícito a *Kenner*, "aquele que conhece", "conhecedor". É uma contraposição análoga àquela feita na Antiguidade entre o "sábio" (o possuidor – autonomeado ou considerado como tal – da sabedoria) e o "filósofo", ou "amante da sabedoria", que está em busca dela e procura conquistá-la. (Todas as notas de rodapé são do tradutor. Elas tratam de dificuldades tradutórias, reproduzem parcial ou integralmente os comentários da edição alemã empregada e informações de outras fontes, além de oferecer traduções para termos em latim, grego etc.)

2. Mateus 6, 21.

e mergulhada em si mesma, em cujos ouvidos o sino acabou de retumbar com toda a força suas doze batidas do meio-dia, que acorda de repente e se pergunta "o que foram mesmo essas batidas?", assim também esfregamos às vezes os ouvidos *depois* e perguntamos, completamente espantados, completamente perplexos, "o que foi mesmo que vivenciamos?", e, mais ainda: "quem é mesmo que *somos*?", e contamos, depois, como foi dito, todas as doze vibrantes batidas de sino de nossa vivência, de nossa vida, de nosso *ser* – ah!, e nos enganamos na conta... É que permanecemos necessariamente estranhos a nós mesmos, não nos compreendemos, *temos* de nos confundir, para nós foi dita por toda a eternidade a frase "cada um é o mais distante de si mesmo"[3] – para nós próprios não somos "conhecentes"...

2.[4]

– Meus pensamentos sobre a *origem* de nossos preconceitos morais – pois é deles que se trata neste escrito polêmico – receberam sua primeira, parcimoniosa e provisória expressão naquela coletânea de aforismos que leva o título de *Humano, demasiado humano: um livro para espíritos livres,* cuja redação foi começada em Sorrento, durante um inverno que me permitiu parar como para um andarilho e abranger com a vista o vasto e perigoso país pelo qual meu espírito andara até então. Isso foi no inverno de 1876-77;

---

3. Inversão de Terêncio (*Andria*, v. 636): *Proximus sum egomet mihi,* "sou o mais próximo de mim mesmo".
4. O travessão logo na abertura de uma seção pode parecer estranho, mas tem sua justificativa. Normalmente ele indica uma pausa ou uma mudança de assunto ou de abordagem do mesmo assunto; neste caso, após ter despachado na seção anterior o "conhece-te a ti mesmo" socrático, Nietzsche usa-o para indicar a entrada no tema propriamente dito do livro.

os próprios pensamentos são mais antigos. No essencial, já eram os mesmos pensamentos que retomo nas presentes dissertações: – esperemos que o longo entretempo lhes tenha feito bem, que tenham se tornado mais maduros, mais claros, mais fortes, mais perfeitos! Porém, o *fato* de ainda hoje aferrar-me a eles, o fato de eles próprios terem se segurado cada vez mais firmemente uns nos outros nesse meio-tempo, chegando até a mesclar-se e emaranhar-se, isso fortalece em mim a alegre confiança de que desde o início não tenham nascido em mim de maneira isolada nem casual nem esporádica, e sim a partir de uma raiz comum, a partir de uma *vontade fundamental* de conhecimento que regia nas profundezas, falando de modo cada vez mais determinado, exigindo coisas cada vez mais determinadas. Pois é só assim que convém a um filósofo. Não temos o direito de sermos *isolados* em alguma coisa: não podemos errar isoladamente, nem atingir isoladamente a verdade. É antes com a necessidade com que uma árvore produz seus frutos que crescem em nós os nossos pensamentos, nossos valores, nossos sins e nãos e ses e quem sabe – aparentados e todos relacionados entre si e testemunhos de uma vontade, uma saúde, um solo, um sol. – Será que *vos* agradarão, esses nossos frutos? – Mas que importa isso às árvores! Que importa isso a *nós*, nós, filósofos!...

3.

Devido a um escrúpulo que me é próprio, e que confesso de má vontade – ele se refere, a saber, à *moral*, a tudo o que até agora foi celebrado na Terra como moral –, um escrúpulo que tão cedo surgiu em minha vida, tão espontaneamente, tão irresistivelmente, tão em oposição ao meio, à idade, ao exemplo e à origem que eu quase teria o direito de chamá-lo de meu "*a priori*" –, minha curiosidade, tal como minha suspeita, cedo tiveram de se deter frente à questão de saber *qual* é propriamente *a origem* de nosso bem e nosso mal. Na realidade, já quando menino de treze anos preocupava-me o problema da origem do mal: dediquei-lhe, numa idade em que se tem "em parte brincadeiras de criança, em parte Deus no coração"[5], minha primeira brincadeira literária, meu primeiro exercício filosófico de escrita – e, no que concerne à "solução" que na época encontrei para o problema, bem, dei as honras a Deus, como é justo, e fiz Dele o *pai* do mal. Será que meu "*a priori*" queria as coisas de mim exatamente *dessa maneira*? Aquele novo "*a priori*", amoral, pelo menos imoral, e o "imperativo categórico" que falava a partir dele, ah!, tão antikantiano, tão enigmático, ao qual nesse meio-tempo prestei cada vez mais atenção e não apenas atenção?... Felizmente, cedo aprendi a separar o preconceito teológico do preconceito moral e não busquei mais a origem do mal *por trás* do mundo. Um pouco de instrução histórica e filológica, somada a um senso nato e difícil de contentar no que concerne a questões psicológicas em geral, logo transformou meu problema neste outro: sob que condições o homem inventou aqueles juízos de valor, bom e mau? *E que valor eles próprios têm?* Inibiram ou promoveram até agora o crescimento humano? São um sinal de miséria, de empobrecimento, de degeneração da vida? Ou, pelo contrário, denuncia-se neles a plenitude, a força, a vontade de vida, sua coragem, sua confiança, seu futuro? – A essas perguntas encontrei e ousei, cá comigo, variadas respostas; diferenciei tempos, povos, categorias de indivíduos; especializei meu problema; das respostas surgiram novas perguntas, investigações, conjecturas, probabilidades: até que por fim eu tinha um país próprio, um solo próprio, todo um mundo ermo, crescente,

---

5. Goethe, *Fausto I*, "Catedral", v. 3781-82 (Espírito Maligno a Margarida).

florescente; jardins secretos, por assim dizer, dos quais ninguém podia suspeitar algo... Oh, como somos *felizes*, nós, conhecentes, supondo que apenas saibamos calar pelo tempo suficiente!...

4.

O primeiro estímulo a comunicar algo de minhas hipóteses sobre a origem da moral me foi dado por um livrinho claro, nítido e sabido, também sabichão, em que me deparei distintamente pela primeira vez com um gênero invertido e perverso de hipótese genealógica, o gênero propriamente *inglês*, e que me atraiu – com aquela força de atração própria de tudo o que é oposto, de tudo o que é antípoda. O título do livrinho era *A origem dos sentimentos morais*; seu autor, o dr. Paul Rée[6]; o ano de sua publicação, 1877. Talvez eu jamais tenha lido algo a que tivesse, cá comigo, dito *não* de tal maneira, tese a tese, conclusão a conclusão, quanto esse livro: contudo, sem qualquer aborrecimento e impaciência. Na obra antes mencionada, na qual eu trabalhava à época, referi-me oportuna e inoportunamente às teses desse livro, não ao refutá-las – o que tenho a ver com refutações! –, e sim, como cabe a um espírito positivo, colocando no lugar do improvável o mais provável, às vezes um erro no lugar de outro. Naquela ocasião, como foi dito, eu trouxe pela primeira vez à luz do dia aquelas hipóteses sobre a origem, às quais estas dissertações são dedicadas, e o fiz com inabilidade, o que eu seria o último a ocultar a mim mesmo, ainda de maneira acanhada, ainda sem uma linguagem própria para essas coisas próprias e com várias recaídas e hesitações. Em particular, veja-se o que digo em *Humano, demasiado humano I*, seção 45, sobre a dupla pré-história do bem e do mal (a saber, a partir da esfera dos nobres e da

---

6. Paul Rée (1849-1901): filósofo e médico, amigo de Nietzsche.

dos escravos); *idem*, seção 136, sobre o valor e a origem da moral ascética; *idem*, seções 96 e 99, e *Humano, demasiado humano II*, Primeira parte, "Opiniões e ditos variados", seção 89, sobre a "moralidade do costume", aquele gênero de moral muito mais antigo e mais originário, que dista *toto coelo*[7] do modo altruísta de valoração (no qual o dr. Rée, como todos os genealogistas da moral ingleses, vê o modo moral de valoração *em si*); *Humano, demasiado humano I*, seção 92, *Humano, demasiado humano II*, Segunda parte, "O andarilho e sua sombra", seção 26, e *Aurora*, seção 112, sobre a origem da justiça como sendo um equilíbrio entre partes dotadas aproximadamente do mesmo poder (equilíbrio como pressuposto de todos os contratos e, por conseguinte, de todo o direito); "O andarilho e sua sombra", seções 22 e 33, sobre a origem da punição, para a qual a finalidade aterrorizadora não é nem essencial nem originária (como opina o dr. Rée: – ela é, antes, introduzida na punição, sob determinadas circunstâncias, e sempre como uma coisa secundária, como algo adicional).

5.

No fundo, importava-me precisamente naquela época algo muito mais importante do que um sistema de hipóteses próprio ou alheio sobre a origem da moral (ou, mais exatamente: este só me importava devido a uma finalidade, para a qual ele era um entre muitos meios). Tratava-se para mim do *valor* da moral – e a respeito disso eu tinha de discutir quase sozinho com o meu grande professor Schopenhauer, a quem, como a alguém presente, dirige-se aquele livro, a paixão e a oposição secreta daquele livro (– pois também aquele livro era um "escrito polêmico"). Tratava-se em especial do valor do "não egoísmo",

---

7. Completamente.

dos instintos de compaixão, autonegação e autossacrifício que precisamente Schopenhauer tinha dourado, divinizado e transmundizado[8] por tanto tempo até que por fim lhe restassem como os "valores em si", com base nos quais *disse não* à vida e também a si mesmo. Porém, era justamente contra *esses* instintos que falava em mim uma suspeita cada vez mais fundamental, um ceticismo que cavava cada vez mais fundo! Precisamente nisso eu vi o *grande* perigo da humanidade, sua mais sublime atração e sedução – para onde, afinal? rumo ao nada? –, precisamente nisso vi o começo do fim, o ficar parado, o cansaço que olha para trás, a vontade se voltando *contra* a vida, a derradeira doença se anunciando terna e melancolicamente: compreendi a moral da compaixão, que grassava cada vez mais, acometendo inclusive os filósofos e deixando-os doentes, como o mais sinistro sintoma de nossa cultura europeia que se tornara sinistra, como o seu rodeio rumo a algo: seria um novo budismo? Um budismo europeu? Seria o – *niilismo*?... É que essa moderna predileção dos filósofos pela compaixão e sua supervalorização é algo novo: até agora, os filósofos estavam de acordo precisamente acerca do *desvalor* da compaixão. Menciono apenas Platão, Espinosa, La Rochefoucauld e Kant, quatro espíritos tão distintos um do outro quanto possível, mas unânimes numa coisa: no menosprezo pela compaixão. –

6.

Esse problema do *valor* da compaixão e da moral compassiva (– sou um adversário do vergonhoso amolecimento sentimental moderno –) parece de início apenas

---

8. O verbo "transmundizar" (ou "além-mundizar"), *verjenseitigen*, foi inventado por Nietzsche a partir de *Jenseits*, "além", "além-mundo".

algo isolado, um ponto de interrogação à parte; mas quem uma vez fica preso aí, quem *aprende* a perguntar aí, a esse acontecerá o que me aconteceu: – abre-se para ele uma nova e imensa vista, uma possibilidade se apossa dele como uma vertigem, todo gênero de desconfiança, suspeita e medo salta à frente, a crença na moral, em toda moral, vacila – por fim, uma nova exigência faz ouvir sua voz. Tratemos de expressá-la, essa *nova exigência*: necessitamos de uma *crítica* dos valores morais, *cabe colocar o próprio valor desses valores em questão* – e para isso se necessita de um conhecimento das condições e circunstâncias a partir das quais eles cresceram, sob as quais se desenvolveram e se deslocaram (moral como consequência, como sintoma, como máscara, como tartufice, como doença, como mal-entendido; mas moral também como causa, como remédio, como estimulante, como inibição, como veneno), um conhecimento tal como ainda não existiu até agora e nem sequer foi desejado. Tomava-se o *valor* desses "valores" como dado, como um fato, como além de todo questionamento; até agora não se duvidou e hesitou nem sequer remotissimamente em considerar que "o bom" tem um valor maior que "o mau", maior no sentido da promoção, utilidade e benefício em vista *do* homem em geral (o futuro do homem incluído). Como? E se o contrário fosse a verdade? Como? E se no "bom" também houvesse um sintoma de retrocesso, igualmente um perigo, uma sedução, um veneno, um narcótico, devido ao qual porventura o presente vivesse *às custas do futuro*? Talvez mais comodamente, com menos perigos, mas também em menor estilo, de maneira mais baixa?... De modo que justamente a moral seria a culpada se uma *mais elevada pujança e magnificência* do tipo homem, em si mesma possível, jamais fosse alcançada? De modo que justamente a moral seria o perigo dos perigos?...

7.

Enfim, desde que essa perspectiva se abriu para mim, eu mesmo tinha razões para procurar companheiros eruditos, ousados e laboriosos (procuro-os ainda hoje). Trata-se de percorrer o imenso, remoto e tão escondido país da moral – da moral que realmente existiu, realmente foi vivida – com perguntas inteiramente novas e, por assim dizer, com novos olhos: e não significa isso quase tanto como *descobrir* esse país?... Se, entre outros, também pensei no mencionado dr. Rée, isso aconteceu porque não tive dúvida alguma de que ele seria impelido, pela própria natureza de suas perguntas, a uma metodologia mais acertada para alcançar respostas. Será que me enganei nisso? Em todo caso, era meu desejo dar uma direção melhor a um olho tão aguçado e imparcial, a direção rumo à verdadeira *história da moral*, e adverti-lo ainda a tempo contra tal sistema inglês de hipóteses *no azul*.[9] Afinal, é óbvio que cor deve ser cem vezes mais importante a um genealogista da moral do que justamente o azul: a saber, *o cinza*, quer dizer, o documental, o realmente constatável, o realmente existente, em suma, toda a longa escrita hieroglífica, difícil de decifrar, do passado moral humano! – *Esta* era desconhecida ao dr. Rée; mas ele lera Darwin: – e assim, em suas hipóteses, de uma maneira que é no mínimo divertida, a besta darwinista e o moderníssimo e modesto molengão moral, que "não morde mais", estendem-se amavelmente as mãos, este último com a expressão de certa indolência bonachona e refinada no rosto, à qual se mescla inclusive um grão de pessimismo, de cansaço: como se no fundo não valesse nada a pena levar todas essas coisas – os problemas

---

9. Isto é, "à toa", "ao acaso", "sem alvo definido". A expressão provém do uso das armas de fogo: refere-se ao tiro que não é disparado em direção a um alvo definido, mas para o alto, para o céu azul.

da moral – tão a sério. Mas para mim, pelo contrário, não parece haver quaisquer outras coisas que *valessem mais a pena* levar a sério; entre as recompensas disso, por exemplo, está o fato de um dia talvez se obter a permissão para considerá-las *mais jovialmente*. É que a jovialidade ou, para dizê-lo em minha linguagem, *a gaia ciência* – é uma recompensa: uma recompensa por uma prolongada, valente, laboriosa e subterrânea seriedade, que, certamente, não é coisa para qualquer um. Porém, no dia em que dissermos de pleno coração: "Adiante! Também nossa velha moral só tem lugar *na comédia!*", teremos descoberto uma nova trama e possibilidade para o drama dionisíaco do "destino da alma" –: e ele já fará uso dela, pode-se apostar, ele, o grande, velho e eterno comediógrafo de nossa existência!...

8.

– Se este escrito for incompreensível a alguém e entrar mal pelos seus ouvidos, a culpa, segundo me parece, não é necessariamente minha. Ele é claro o bastante, supondo o que pressuponho, que primeiro se tenha lido meus escritos anteriores e não se poupado algum esforço ao fazê-lo: eles não são, de fato, facilmente acessíveis. No que diz respeito ao meu *Zaratustra*, por exemplo, não deixo ninguém considerar-se seu conhecedor se cada uma de suas palavras não o tiver alguma vez ferido profundamente e não o tiver alguma vez arrebatado profundamente: pois só então ele pode gozar do privilégio de tomar parte respeitosamente do elemento alciônico do qual essa obra nasceu, de sua clareza solar, distância, amplidão e certeza. Em outros casos, a forma aforística cria dificuldade: ela está no fato de hoje não se levar essa forma *suficientemente a sério*. Um aforismo, devidamente cunhado e moldado, ainda não foi "decifrado" pelo fato de ser lido; pelo contrário, é só então que deve começar a sua *interpretação*, para a qual uma arte da interpretação se faz necessária. Na terceira dissertação deste livro apresentei um modelo do que num tal caso chamo de "interpretação": – essa dissertação é precedida por um aforismo, ela própria é seu comentário. Para praticar de tal modo a leitura como *arte*, por certo se necessita de uma coisa antes de mais nada, algo que hoje em dia se desaprendeu justamente da melhor maneira possível – e por isso ainda há tempo até a "legibilidade" de meus escritos –, para a qual se precisa ser quase uma vaca e, em todo caso, *não* um "homem moderno": *o ruminar...*

Sils-Maria, Alta Engadina,
julho de 1887

Primeira dissertação:
"bom e mau", "bom e ruim"

1.

— Esses psicólogos ingleses, aos quais até agora também devemos as únicas tentativas de fazer uma história das origens da moral – eles nos oferecem, com suas pessoas, um enigma nada pequeno; preciso confessar que, justamente por isso, como enigmas em pessoa, eles inclusive excedem seus livros em algo essencial – *eles mesmos são interessantes!* Esses psicólogos ingleses – o que eles querem, no fundo? Nós os encontramos, seja voluntária ou involuntariamente, sempre ocupados com a mesma obra, a saber, em empurrar para o primeiro plano a *partie honteuse*[1] de nosso mundo interior e em buscar o que é realmente efetivo, norteador, decisivo para o desenvolvimento, precisamente ali onde o orgulho intelectual do homem menos *desejaria* encontrá-lo (por exemplo, na *vis inertiae*[2] do hábito, ou na falta de memória, ou em um enredamento e uma mecânica de ideias cegos e casuais, ou em qualquer coisa puramente passiva, automática, da ordem dos reflexos, molecular e fundamentalmente estúpida) – o que no fundo sempre impele esses psicólogos justamente *nessa* direção? Será um instinto de apequenamento do homem, um instinto secreto, pérfido, vil, talvez inconfessável a si próprio? Ou talvez uma suspeita pessimista, a desconfiança de idealistas desiludidos, ensombrecidos, que ficaram verdes e venenosos? Ou uma hostilidade e um rancor pequenos e

---

1. Parte pudenda.
2. Força inercial.

subterrâneos contra o cristianismo (e contra Platão), que talvez não tenham sequer passado pelo umbral da consciência? Ou quem sabe um gosto lascivo pelo estranho, pelo doloroso-paradoxal, pelo questionável e absurdo da existência? Ou, por fim – um pouco de tudo, um pouco de vileza, um pouco de ensombrecimento, um pouco de anticristianismo, um pouco de prurido e necessidade de pimenta?... Mas alguém me diz que eles são simplesmente sapos velhos, frios e tediosos que saltam e se arrastam ao redor do homem e para dentro dele, como se aí estivessem realmente em seu elemento, a saber, num *pântano*. Ouço isso com relutância, mais ainda, não acredito nisso; e se é lícito desejar lá onde não se pode saber, desejo de coração que as coisas se passem ao contrário com eles – que esses pesquisadores e microscopistas da alma sejam no fundo animais valentes, magnânimos e orgulhosos, que consigam refrear tanto seu coração quanto sua dor e que tenham se educado para sacrificar todas as coisas desejáveis à verdade, *qualquer* verdade, inclusive à verdade singela, amarga, feia, repulsiva, não cristã, imoral... Pois tais verdades existem. –

2.

Todo o respeito, pois, pelos bons espíritos que possam estar em ação nesses historiadores da moral! Mas é certo que, infelizmente, lhes falta o próprio *espírito histórico*, que tenham justamente sido abandonados por todos os próprios bons espíritos da história! Todos pensam, conforme um velho costume dos filósofos, de maneira *essencialmente* não histórica; não há dúvidas quanto a isso. A precariedade de sua genealogia da moral revela-se logo no início, ali onde se trata de averiguar a origem do conceito e do juízo "bom". "Originalmente," – assim decretam eles – "as ações não egoístas foram louvadas e chamadas boas por aqueles a quem eram feitas, ou seja, a quem eram *úteis*; mais tarde se *esqueceu* essa origem do louvor e as ações não egoístas, simplesmente porque *por hábito* sempre foram louvadas como boas, também foram sentidas como boas – como se em si mesmas fossem algo bom." Logo se vê: essa primeira dedução já contém todos os traços típicos da idiossincrasia de psicólogos inglesa – temos "a utilidade", "o esquecimento", "o hábito" e, no fim, "o erro", tudo como base de uma valoração da qual o homem superior esteve até agora orgulhoso como de uma espécie de privilégio do homem como tal. Esse orgulho *deve* ser humilhado, essa valoração, desvalorizada: isso foi alcançado?... Mas é evidente para mim, em primeiro lugar, que essa teoria busca e coloca o verdadeiro foco de origem do conceito "bom" no lugar errado: o juízo "bom" *não* provém daqueles a quem se fez a "bondade"! Antes foram os próprios "bons", quer dizer, os nobres, os poderosos, os de mais elevada posição e de elevadas intenções que perceberam e estabeleceram a si próprios e a seu agir como bons, isto é, como de primeira categoria, em oposição a tudo o que é baixo, de baixas intenções, vil e plebeu. Foi desse *pathos da distância* que eles tomaram para si o direito de criar valores, de cunhar nomes para os valores: que lhes importava a utilidade! O ponto de vista da utilidade, precisamente em relação a um tal jorro quente de juízos de valor superiores, que organizam hierarquias, que realçam hierarquias, é tão estranho e descabido quanto possível: é que aqui o sentimento chegou a uma oposição àquela baixa temperatura pressuposta por toda esperteza calculista, todo cálculo de utilidade – e não uma vez, não por uma hora de exceção, e sim por longo tempo. O *pathos* da nobreza e da distância, como foi dito, o duradouro e dominante sentimento total e fundamental de uma espécie superior e senhoril em relação a uma espécie baixa, em relação a um "embaixo" – *essa* é a origem da oposição "bom" e "ruim". (O direito senhoril de dar nomes vai tão longe que deveríamos nos permitir compreender a própria origem da linguagem como uma manifestação de poder dos dominantes: eles dizem "isto *é* isto e isto", eles colocam o selo de um som em cada coisa e acontecimento e dessa forma se apoderam dela, por assim dizer.) É próprio dessa origem que a palavra "bom" de forma *alguma* se ligue de antemão necessariamente a ações "não egoístas": o que é a superstição daqueles genealogistas da moral. Pelo contrário, é só quando ocorre um *declínio* dos juízos de valor aristocráticos que toda essa oposição entre "egoísta" e "não egoísta" se impõe cada vez mais à consciência humana – é *o instinto de rebanho*, para servir-me de minha linguagem, que finalmente toma a palavra (e também as *palavras*) com essa oposição. E mesmo então ainda demora bastante até que esse instinto se torne senhor a tal ponto que a valoração moral fique verdadeiramente presa e paralisada nessa oposição (como é o caso, por exemplo, na Europa atual: o preconceito que considera "moral", "não egoísta" e "*désintéressé*" como conceitos equivalentes já reina hoje com a violência de uma "ideia fixa" e uma doença mental).

3.

Em segundo lugar, porém: desconsiderando inteiramente a insustentabilidade histórica daquela hipótese sobre a origem do juízo de valor "bom", ela padece em si mesma de um contrassenso psicológico. A utilidade da ação não egoísta seria a origem de seu louvor, e essa origem teria sido *esquecida*: – mas como esse esquecimento é sequer *possível*? Será, talvez, que a utilidade de tais ações cessou em algum momento? O contrário é o caso: essa utilidade é antes a experiência cotidiana em todas as épocas, algo, portanto, que foi constantemente sublinhado vez após vez; por conseguinte, em lugar de desaparecer da consciência, em lugar de se tornar esquecível, teve de se imprimir na consciência com nitidez cada vez maior. Quão mais razoável é aquela teoria oposta (não mais verdadeira por isso –) defendida, por exemplo, por Herbert Spencer[3]: o qual estabelece que o conceito "bom" é essencialmente idêntico ao conceito "útil", "conveniente", de modo que nos juízos "bom" e "ruim" a humanidade acumulou e sancionou precisamente suas *inesquecidas* e *inesquecíveis* experiências sobre útil-conveniente e sobre danoso-inconveniente. Segundo essa teoria, bom é o que desde sempre se mostrou como útil: dessa forma, isso pode afirmar sua importância como "valioso em grau supremo", como "valioso em si". Esse caminho de explicação também é incorreto, como foi dito, mas pelo menos a explicação em si mesma é razoável e psicologicamente sustentável.

4.

– A indicação do caminho *correto* me foi dada pela pergunta sobre o que propriamente significam, sob o aspecto etimológico, as designações do "bom" cunhadas pelas diferentes línguas: então descobri que todas remontam à *mesma metamorfose conceitual* – que em toda parte "nobre", "distinto", no sentido estamental, é o conceito básico a partir do qual necessariamente se desenvolve "bom" no sentido de "nobre de alma" e "distinto" no de "elevado de alma", "privilegiado de alma": um desenvolvimento que sempre corre paralelo àquele outro que por fim faz "vil", "plebeu" e "baixo" se converter no conceito "ruim". O mais eloquente exemplo deste último é a própria palavra alemã *schlecht*[4]: que é idêntica a *schlicht*[5] – ver *schlechtweg*, *schlechterdings*[6] – e designava originalmente o homem simples, comum, ainda sem um suspeitoso olhar de esguelha, simplesmente

---

3. Herbert Spencer (1820-1903): filósofo e pedagogo inglês.

4. Ruim.

5. Simples.

6. Simplesmente, idem.

em oposição ao nobre. Aproximadamente por volta da época da Guerra dos Trinta Anos[7], ou seja, bastante tarde, esse sentido se desloca para o que hoje é usual. – Essa me parece uma compreensão *essencial* em relação à genealogia da moral; que apenas tenha sido encontrada tão tarde deve-se à influência inibidora que o preconceito democrático exerce no interior do mundo moderno quanto a todas as questões da origem. E isso adentra inclusive o campo aparentemente objetivíssimo da ciência natural e da fisiologia, conforme apenas deve ser aludido aqui. No entanto, que excessos esse preconceito pode causar quando se desenfreia até o ódio, em especial para a moral e a história, mostra o famigerado caso de Buckle[8]; o *plebeísmo* do espírito moderno, que

---

7. Conflito ocorrido entre 1618 e 1648 envolvendo quase todos os países da Europa central e cujo estopim foi a rivalidade entre católicos e protestantes.

8. Henry Thomas Buckle (1821-1862): historiador e filósofo inglês. Numa carta ao amigo Peter Gast, de 20 de maio de 1887, Nietzsche afirma ter visto pela primeira vez o famoso livro de Buckle, *História da civilização na Inglaterra*, concluindo que esse autor é um de seus mais enérgicos antagonistas. O fragmento póstumo 16[39], da primavera-verão de 1888, esclarece melhor como Nietzsche entende esse antagonismo: "Buckle fornece o melhor exemplo do grau até onde vai a incapacidade de um agitador plebeu de multidões para compreender o conceito de 'natureza superior'. A opinião que ele tão apaixonadamente combate – de que 'grandes homens', indivíduos, príncipes, estadistas, gênios e generais são as alavancas e as causas de todos os grandes movimentos – é instintivamente mal compreendida por ele como se com ela se afirmasse que o essencial e o valioso em tal 'homem superior' se encontrasse justamente na capacidade de colocar massas em movimento, numa palavra, em seu efeito... Mas a 'natureza superior' do grande homem encontra-se no fato de ser diferente, na incomunicabilidade, na distância de categoria – *não* em quaisquer efeitos que sejam: e ainda que ele abalasse o globo terrestre".

é de proveniência inglesa, irrompeu aí mais uma vez em seu solo nativo, violento como um vulcão de lama e com aquela eloquência salgada, ruidosa e vulgar com que até agora falaram todos os vulcões. –

5.

Em relação ao *nosso* problema, que por boas razões pode ser chamado de um problema *silencioso* e, difícil de contentar, dirige-se apenas a poucos ouvidos, não é de interesse nada pequeno constatar que naquelas palavras e raízes que designam "bom" ainda transparece muitas vezes a nuance principal devido à qual os nobres se sentiam como homens de categoria superior. É verdade que talvez nos casos mais frequentes eles simplesmente se nomeiem conforme sua superioridade em poder (como "os poderosos", "os senhores", "os governantes") ou conforme o distintivo mais visível dessa superioridade, por exemplo, como "os ricos", "os possuidores" (esse é o sentido de *arya*[9]; e, de maneira correspondente, no iraniano e no eslavo). Mas também conforme um *traço típico de caráter*: e esse é o caso que nos interessa aqui. Eles se denominam, por exemplo, "os verazes": a nobreza grega à frente, cujo porta-voz é o poeta megárico Teógnis.[10] A palavra cunhada para isso, ἐσθλός[11], significa, segundo sua raiz, alguém que *é*, que tem realidade, que é real, que é verdadeiro; depois, com uma virada subjetiva, o verdadeiro como sendo o veraz: nessa fase da metamorfose

---

9. Sânscrito: ariano. De início, segundo parece, o nome designava os adoradores dos deuses dos brâmanes; mais tarde, passou a significar sobretudo "nobre, de boa família".

10. Poeta elegíaco grego que viveu na segunda metade do século VI a.C.

11. Real, verdadeiro; bom, nobre.

conceitual, ela se torna a palavra de ordem e a palavra-chave da nobreza e passa a ter plenamente o sentido de "nobre", como delimitação quanto ao homem comum *mendaz*, tal como Teógnis o considera e descreve – até que a palavra, por fim, após o declínio da nobreza, resta como designação da *noblesse*[12] de alma e se torna, por assim dizer, madura e doce. Na palavra κακός[13], como na palavra δειλός[14] (o plebeu em oposição ao ἀγαθός[15]), sublinha-se a covardia: talvez isso dê uma indicação sobre a direção em que cabe procurar a origem etimológica de ἀγαθός, interpretável de muitas maneiras. O latim *malus* (ao lado do qual coloco μέλας[16]) poderia assinalar o homem comum como sendo aquele de cor escura, sobretudo como aquele de cabelos pretos (*"hic niger est – "*[17]), na condição de habitante pré-ariano do solo itálico que se destacava da maneira mais nítida pela cor frente à raça loura de conquistadores, isto é, ariana, que se tornara dominante; o gaélico, pelo menos, ofereceu-me o caso exatamente correspondente – *fin* (no nome Fin-Gal, por exemplo), a palavra indicadora da nobreza e, por fim, do homem bom, nobre e puro, originalmente o cabeça-loura, em oposição aos autóctones escuros, de cabelo preto. Os celtas, seja dito de passagem, eram uma raça

---

12. Nobreza.
13. Ruim, mau; covarde, plebeu.
14. Medroso, covarde; ruim, vil; miserável, lastimável.
15. Bom, excelente, nobre, valente.
16. Preto, sombrio; triste, funesto.
17. *Hic niger est, hunc tu, Romane, caveto*: "este é negro; guarda-te dele, romano" (Horácio, *Sátiras* 1, 4, 85). "Negro" tem aqui o sentido de "malvado", "malicioso", e a expressão, que se tornou proverbial, refere-se a quem calunia o amigo ausente, não o defende quando é difamado, a quem ambiciona o riso alheio e a fama de trocista, e a quem inventa coisas do nada e espalha segredos.

inteiramente loura; comete-se um erro quando se relaciona aquelas faixas de uma população essencialmente de cabelos escuros, que se fazem notar nos mapas etnográficos mais minuciosos da Alemanha, com alguma origem e miscigenação celta, como ainda faz Virchow[18]: nesses lugares predomina, isto sim, a população *pré-ariana* da Alemanha. (O mesmo vale para quase toda a Europa: no essencial, a raça subjugada voltou finalmente a readquirir o predomínio nesses lugares, seja na cor, na curteza do crânio, talvez inclusive nos instintos intelectuais e sociais: quem nos garante que a democracia moderna, o anarquismo ainda mais moderno e, principalmente, aquela tendência à "*Commune*", a mais primitiva forma social, agora comum a todos os socialistas da Europa, não significa no fundo um tremendo *recuo* – e que a *raça senhoril* e conquistadora, a dos arianos, também não foi derrotada fisiologicamente?...) Acredito poder interpretar o latim *bonus* como "o guerreiro": supondo que com razão remonte *bonus* a um mais antigo *duonus* (ver *bellum* = *duellum* = *duen-lum*, que me parece conter aquele *duonus*). *Bonus*, portanto, como o homem da discórdia, da desavença (*duo*), como guerreiro: vê-se o que na Roma antiga constituía a "bondade" de um homem. E o nosso próprio termo alemão "*Gut*"[19]: não significaria "*der Göttliche*"[20], o homem "*göttlichen Geschlechts*"[21]? E não seria idêntico ao nome do povo (originalmente nome nobiliárquico) dos *Gothen*[22]? As razões para essa suposição não são pertinentes aqui. –

---

18. Rudolf Virchow (1821-1902): patologista e político alemão.
19. Bom.
20. O divino.
21. De estirpe divina.
22. Godos.

6.

A regra de que o conceito político de primazia sempre se transforma num conceito anímico de primazia ainda não apresenta, de início, uma exceção (embora dê ocasião a exceções) se a casta superior for ao mesmo tempo a casta *sacerdotal* e, por conseguinte, preferir para sua designação coletiva um predicado que lembre a sua função sacerdotal. "Puro" e "impuro", por exemplo, defrontam-se aí pela primeira vez como distintivo de estamentos; e também aqui se desenvolve mais tarde um "bom" e um "ruim" num sentido não mais estamental. De resto, recomenda-se cautela para não levar de antemão esses conceitos, "puro" e "impuro", muito a sério, para não levá-los longe demais ou mesmo considerá-los simbolicamente: pelo contrário, todos os conceitos da humanidade mais antiga foram de início compreendidos, numa medida que mal conseguimos imaginar, de maneira grosseira, tosca, externa, estreita, de fato e em especial *não simbólica*. O "puro" é desde o início meramente um homem que se lava, que se proíbe certos alimentos que provocam doenças de pele, que não dorme com as mulheres sujas do povo baixo, que tem horror a sangue – não mais, não muito mais! Por outro lado, toda a índole de uma aristocracia essencialmente sacerdotal com certeza esclarece por que nesse caso, logo cedo, as oposições valorativas puderam se interiorizar e agudizar de uma maneira perigosa; e, de fato, por meio delas se abriram por fim abismos entre homem e homem, sobre os quais mesmo um Aquiles do livre-pensamento não saltará sem se arrepiar. Desde o início há algo *insalubre* em tais aristocracias sacerdotais e nos hábitos nelas reinantes, apartados da ação, em parte cismarentos, em parte emocionalmente explosivos, em consequência dos quais aparecem aquelas patologias intestinais e aquela neurastenia quase inevitavelmente inerentes aos sacerdotes de todas as épocas; porém, o que por eles próprios foi inventado como remédio para essa sua patologia – não é preciso dizer que, no fim das contas, isso se mostrou, em suas sequelas, ainda cem vezes mais perigoso do que a doença da qual devia libertar? A própria humanidade ainda padece com as sequelas dessas ingenuidades terapêuticas sacerdotais! Pensemos, por exemplo, em certas formas de dieta (evitação da carne), no jejum, na continência sexual, na fuga "para o deserto" (isolamento à maneira de Weir Mitchell,[23] embora sem o tratamento para engordar e a superalimentação posteriores, nos quais consiste o mais eficaz antídoto contra toda a histeria do ideal ascético): soma-se a isso toda a metafísica dos sacerdotes, hostil aos sentidos, empreguiçadora e refinadora, sua auto-hipnose à maneira do faquir e dos brâmanes – o brâman utilizado como botão de vidro e ideia fixa – e a saciação geral definitiva, perfeitamente compreensível, com sua cura radical, o *nada* (ou Deus – o anelo por uma *unio mystica* com Deus é o anelo do budista pelo nada, pelo nirvana – e não mais!). Quando se trata dos sacerdotes, simplesmente *tudo* fica mais perigoso, não apenas tratamentos e artes terapêuticas, mas também o orgulho, a vingança, a perspicácia, a devassidão, o amor, o despotismo, a virtude, a doença; – com alguma justiça, também se poderia no entanto acrescentar que foi apenas no solo dessa forma *essencialmente perigosa* de existência do homem, a sacerdotal, que o homem se tornou *um animal interessante*, que apenas aqui a alma humana adquiriu *profundidade* num sentido superior e se tornou *má* – e essas são, afinal, as duas formas básicas até agora existentes de superioridade do homem sobre o restante da bicharada!...

---

23. Silas Weir Mitchell (1830-1914): neurologista e escritor norte-americano.

7.

– Já se terá adivinhado com que facilidade o modo de valorar sacerdotal pode se derivar do cavalheiresco-aristocrático e então prosseguir seu desenvolvimento até converter-se no contrário deste; há um estímulo para isso, em especial, toda vez que a casta sacerdotal e a guerreira se defrontam de forma ciumenta e não conseguem se entender acerca do preço. Os juízos de valor cavalheiresco-aristocráticos têm como seu pressuposto uma corporalidade imponente, uma saúde florescente, rica, inclusive transbordante, somada àquilo que condiciona sua conservação, isto é, a guerra, a aventura, a caça, a dança, os torneios e tudo aquilo que abrange um agir forte, livre, alegre. O modo de valorar nobre-sacerdotal – como vimos – tem outros pressupostos: pior para ele quando se trata da guerra! Como se sabe, os sacerdotes são os *inimigos mais maldosos* – por que, afinal? Porque são os mais impotentes. Neles, o ódio cresce a partir da impotência e atinge graus monstruosos e sinistros, alcança as alturas mais espirituais e mais peçonhentas. Os maiores odiadores da história do mundo sempre foram sacerdotes, os odiadores mais espirituosos também: – comparado ao espírito da vingança sacerdotal, todo espírito restante mal deve ser levado em consideração. A história humana seria uma coisa extremamente tola sem o espírito que entrou nela oriundo dos impotentes: – tomemos logo o maior exemplo. Tudo o que se fez na Terra contra "os nobres", "os poderosos", "os senhores", "os detentores do poder" não é nada em comparação com aquilo que *os judeus* fizeram contra eles: os judeus, aquele povo sacerdotal que por fim só conseguiu obter uma reparação de seus inimigos e subjugadores mediante uma radical transvaloração dos valores destes, ou seja, mediante um ato da *mais espiritual vingança*. Somente isso correspondia a um povo sacerdotal, ao povo da mais oculta sede sacerdotal de vingança. Foram os judeus que ousaram inverter a equação aristocrática de valores (bom = nobre = poderoso = belo = feliz = amado dos deuses) com uma coerência assustadora, aferrando-se a essa inversão com os dentes do ódio mais abissal (o ódio da impotência), a saber, "só os miseráveis são bons, só os pobres, os impotentes, os vis são bons; os sofredores, os necessitados, os doentes, os feios também são os únicos devotos, os únicos piedosos, só para eles há bem-aventurança – vós, ao contrário, vós, nobres e poderosos, sereis por toda a eternidade os maus, os cruéis, os lascivos, os insaciáveis, os ímpios; também sereis eternamente os desgraçados, os amaldiçoados e condenados!..." Sabe-se *quem* herdou essa transvaloração judaica... Com relação à iniciativa monstruosa e sobremaneira funesta feita pelos judeus com essa que é a mais radical de todas as declarações de guerra, recordo a tese a que cheguei em outra oportunidade (*Além do bem e do mal*, seção 195) – a saber, que com os judeus começa *a rebelião escrava na moral*: aquela rebelião que tem atrás de si uma história de dois milênios e que hoje só saiu de nosso campo de visão porque – foi vitoriosa...

8.

– Mas não compreendeis isso? Não tendes olhos para algo que precisou de dois milênios para se tornar vitorioso?... Não há nada a admirar nisso: todas as coisas *demoradas* são difíceis de ver, de abranger com a vista. Mas *este* é o acontecimento: do tronco daquela árvore da vingança e do ódio, do ódio judaico – do ódio mais profundo e mais sublime, isto é, criador de ideais, transmutador de valores, do qual nunca houve igual sobre a Terra –, cresceu algo igualmente incomparável, um *novo amor*, o mais profundo e o mais sublime de todos os tipos de amor: – e de que outro tronco ele poderia ter crescido?... Mas que ninguém vá pensar que ele talvez tenha crescido como a verdadeira negação daquela sede de vingança, como o oposto do ódio judaico! Não, o contrário é a verdade! Esse amor cresceu dele como sua copa, como a copa triunfante que se espraiava cada vez mais ampla na mais pura claridade e plenitude de sol, copa que, com o mesmo ímpeto com que as raízes daquele ódio desciam cada vez mais profunda e avidamente em tudo o que tinha profundidade e era mau, perseguia no reino da luz e da altura, por assim dizer, as metas daquele ódio, a vitória, o despojo, a sedução. Esse Jesus de Nazaré, como evangelho do amor em carne e osso, esse "redentor" que levava a bem-aventurança e a vitória aos pobres, aos doentes, aos pecadores – não era justamente a sedução em sua forma mais sinistra e mais irresistível, a sedução e o rodeio que conduzia precisamente àqueles valores e inovações do ideal *judaicos*? Não foi justamente pelo rodeio desse "redentor", esse aparente adversário e desagregador de Israel, que Israel alcançou a derradeira meta de sua sublime avidez de vingança? Não pertence às artes ocultas de uma verdadeiramente *grande* política da vingança, de uma vingança previdente, subterrânea, lenta e calculista, que o próprio Israel tivesse de negar diante do mundo todo o genuíno instrumento de sua vingança como se ele fosse um inimigo mortal e pregá-lo na cruz para que "todo mundo", isto é, todos os inimigos de Israel, pudesse morder sem hesitar justamente essa isca? E, por outro lado, seria sequer possível imaginar, com todo o refinamento do espírito, uma isca *mais perigosa*? Algo que se igualasse em força sedutora, embriagante, entorpecente e corruptora àquele símbolo da "sagrada cruz", àquele paradoxo medonho de um "deus na cruz", àquele mistério de uma inimaginável, derradeira e extrema crueldade e autocrucificação de Deus *para a salvação do homem*?... Pelos menos é certo que *sub hoc signo*[24] Israel triunfou repetidamente até agora com sua vingança e transvaloração de todos os valores sobre todos os outros ideais, sobre todos os ideais *mais nobres*. – –

9.

– "Mas o que o senhor ainda está falando de ideais *mais nobres!* Resignemo-nos aos fatos: o povo venceu – ou 'os escravos' ou 'a plebe' ou 'o rebanho' ou como o senhor preferir chamar –, e se isso aconteceu por meio dos judeus, pois bem!, então jamais um povo teve uma missão de maior alcance na história mundial. 'Os senhores' foram eliminados; a moral do homem comum venceu. Pode-se considerar essa vitória ao mesmo tempo como um envenenamento do sangue (ela misturou as raças entre si) – não contesto isso; porém, essa intoxicação foi sem dúvida *bem-sucedida*. A 'salvação' do gênero humano (isto é, a sua salvação 'dos senhores') segue pelo melhor caminho; tudo se judaíza ou se cristianiza ou se plebeíza a olhos vistos (que importam as palavras!). O curso desse envenenamento, que perpassa todo o corpo da humanidade, parece irresistível, seu *tempo*[25] e seu passo podem inclusive ser a partir de agora cada vez mais vagarosos, mais sutis, mais inaudíveis, mais discretos – há tempo de sobra... No âmbito dessa intenção, ainda caberá hoje à Igreja uma tarefa *necessária*, sequer um direito à

---

24. Sob esse símbolo. Variante de *in hoc signo vinces*, "com este símbolo vencerás", palavras inscritas numa cruz que teria aparecido em sonhos ao imperador romano Constantino (285-337). Este adotou o símbolo, obteve uma vitória militar e se converteu ao cristianismo, que passou a ser a religião oficial do império romano.

25. Andamento.

existência? Ou se poderia passar sem ela? *Quaeritur*[26]. Parece que ela antes inibe e detém aquele andamento em vez de acelerá-lo? Bem, justamente essa poderia ser a sua utilidade... Ela é, sem dúvida, algo verdadeiramente grosseiro e campônio, algo que repugna a uma inteligência mais delicada, a um gosto propriamente moderno. Será que ela não deveria pelo menos se refinar um pouco?... Hoje ela causa mais estranheza do que seduz... Quem de nós seria um livre-pensador se não existisse a Igreja? A Igreja nos repugna, *não* o seu veneno... Não considerando a Igreja, também nós gostamos de veneno..." – Esse é o epílogo de um "espírito livre" ao meu discurso, um animal honesto, como ele mostrou a valer, e, além disso, um democrata; ele me ouviu até então e não suportou me ouvir calar. É que para mim, neste ponto, há muito o que calar. –

10.

A rebelião escrava na moral começa com o fato de o próprio *ressentimento* se tornar criativo e parir valores: o ressentimento de tais seres a quem a verdadeira reação, a do agir, é negada, que apenas obtêm reparação mediante uma vingança imaginária. Enquanto toda moral nobre cresce de um triunfante dizer *sim* a si mesma, a moral de escravos diz *não* desde o princípio a um "fora", a um "outro", a um "não si mesma": e *esse* "não" é o seu ato criador. Essa inversão do olhar estabelecedor de valores – essa orientação *necessária* para fora em lugar de sobre si mesmo – pertence justamente ao ressentimento: para surgir, a moral de escravos necessita sempre, em primeiro lugar, de um mundo oposto e exterior, ela necessita, falando fisiologicamente, de estímulos externos para chegar a agir – sua ação é, de cima a baixo, reação. O contrário é o caso no modo

---

26. Eis a questão.

nobre de valorar: ele age e cresce de maneira espontânea, ele procura seu oposto apenas para dizer *sim* a si mesmo com gratidão ainda maior, com júbilo ainda maior – seu conceito negativo, "baixo", "comum" e "ruim", é apenas uma pálida imagem de contraste, nascida mais tarde, em comparação com o seu conceito fundamental positivo, impregnado inteiramente com vida e paixão, "nós, os nobres, nós, os bons, nós, os belos, nós, os felizes!". Se o modo nobre de valorar se engana e peca contra a realidade, isso acontece em relação à esfera que *não* lhe é suficientemente conhecida, frente a cujo real conhecimento ele até se defende com aspereza: às vezes ele ignora a esfera por ele desprezada, a do homem comum, do povo baixo; por outro lado, considere-se que, em todo caso, o afeto de desprezo, do olhar de cima, do olhar de modo superior, supondo que *falsifique* a imagem do desprezado, ficará de longe atrás da falsificação com que o ódio oculto, a vingança do impotente, atentará – *in effigie*[27], naturalmente – contra seu adversário. Na verdade, há demasiada negligência misturada com o desprezo, demasiada despreocupação, demasiado desviar de olhos e impaciência, inclusive demasiado contentamento consigo próprio, para que ele fosse capaz de transformar seu objeto em verdadeira caricatura e monstruosidade. Não deixemos de ouvir as nuances quase benevolentes que a nobreza grega, por exemplo, coloca em todas as palavras com que distingue de si o povo baixo; como constantemente se mistura o açúcar de uma espécie de pesar, consideração e indulgência, até chegar ao resultado de quase todas as palavras que dizem respeito ao homem comum terem restado por fim como expressões para "infeliz", "digno de lástima"

---

27. Em imagem, isto é, figuradamente, simbolicamente.

(ver δειλός[28], δείλαιος[29], πονηρός[30] e μοχθηρός[31], as duas últimas na verdade caracterizando o homem comum como escravo trabalhador e animal de carga) – e como, por outro lado, "ruim", "baixo" e "infeliz" nunca mais deixaram, ao ouvido grego, de confluir sonoramente num único som, com um timbre no qual prevalece "infeliz": e isso como herança do antigo e mais nobre modo de valorar aristocrático, que tampouco se desmente no desprezo (– que os filólogos se recordem em que sentido se utilizam οϊζυρός[32], ἄνολβος[33], τλήμων[34], δυςτυχεῖν[35] e ξυμφορά[36]). Os "bem-nascidos" *sentiam-se* justamente como os "felizes"; não precisavam primeiro construir artificialmente sua felicidade por meio de um olhar para seus inimigos, por vezes persuadir-se dela, *mentir a si mesmos sobre ela* (como todos os homens do ressentimento costumam fazer); e também sabiam, na condição de homens plenos, sobrecarregados de força, logo *necessariamente* ativos, como não separar a ação da felicidade – o estar ativo é por eles incluído de forma necessária na felicidade (donde εὖ πράττειν[37] toma sua origem) –, tudo em flagrante oposição à "felicidade" no nível dos impotentes, dos oprimidos, dos ulcerosos devido a sentimentos peçonhentos e hostis, nos quais ela se

---

28. Medroso, covarde; ruim, vil; miserável, lastimável.
29. Medroso, covarde; miserável, infeliz.
30. Trabalhoso, difícil; imprestável, infrutífero, danoso; ruim, vicioso, criminoso, covarde.
31. Penoso, lastimoso, miserável, doente, vil, ruim.
32. Lastimável, miserável, triste, infeliz.
33. Infeliz, desventurado; insensato.
34. Atormentado, miserável, infeliz.
35. Ser infeliz; ser derrotado.
36. Destino, acaso; acidente; ação desditosa.
37. Bem realizar; fazer muito por algo ou alguém.

manifesta essencialmente como narcose, entorpecimento, descanso, paz, "sabá", relaxamento do espírito e esticar dos membros, em suma, *de maneira passiva*. Enquanto o homem nobre vive diante de si mesmo com confiança e franqueza (γενναῖος, "nobre de nascença", sublinha a nuance "sincero" e por certo também "ingênuo"), o homem do ressentimento não é nem sincero nem ingênuo, tampouco honesto e franco consigo mesmo. Sua alma *olha de lado*; seu espírito ama o esconderijo, o caminho secreto e as portas dos fundos, tudo o que é escondido lhe dá a impressão de ser o *seu* mundo, a *sua* segurança, o *seu* refrigério; ele é entendido em silenciar, em não esquecer, em esperar, em apequenar-se provisoriamente, humilhar-se. Uma raça de tais homens do ressentimento se tornará por fim *mais sagaz* que qualquer raça nobre, ela irá honrar a sagacidade numa medida inteiramente diferente: a saber, como uma condição existencial de primeira categoria, enquanto em homens nobres a sagacidade facilmente tem um sutil ressaibo de luxo e refinamento: – é que nesse caso ela não é nem de longe tão essencial quanto a completa segurança de funções dos instintos reguladores *inconscientes* ou mesmo uma certa insensatez, como, por exemplo, o valente lançar-se, seja sobre o perigo, seja sobre o inimigo, ou aquela exaltada subitaneidade de fúria, amor, respeito, gratidão e vingança pela qual as almas nobres se reconheceram em todas as épocas. Pois mesmo o ressentimento do homem nobre, quando surge nele, consuma-se e esgota-se numa reação imediata e por isso não *envenena*: por outro lado, ele nem sequer aparece em inúmeros casos nos quais é inevitável em todos os fracos e impotentes. Não conseguir levar a sério por muito tempo seus inimigos, seus acidentes e mesmo suas *atrocidades* – este é o sinal de naturezas fortes e plenas, nas quais há um excesso de força plástica, imitadora, curativa e também obliteradora (um bom exemplo disso extraído do mundo moderno é

Mirabeau[38], que não tinha qualquer lembrança dos insultos e infâmias cometidos contra ele, e que só não podia perdoar porque – esquecia). Um homem como esse afasta de si com um só golpe muitos vermes que se enterram em outras pessoas; só nesse caso também é possível – supondo que seja mesmo possível sobre a Terra – o verdadeiro "*amor* a seus inimigos". Quanto respeito um homem nobre tem pelos seus inimigos! – e semelhante respeito já é uma ponte para o amor... Afinal, ele reivindica seu inimigo para si, como sua distinção, não suporta outro inimigo senão aquele em quem não há nada a desprezar e *muito* a venerar! Em compensação, imaginemos "o inimigo" como o homem do ressentimento o concebe – e justamente aí está sua ação, sua criação: ele concebeu "o inimigo mau", "*o mau*", e isso como conceito fundamental, a partir do qual ainda inventa, como imagem posterior e contraparte, um "bom" – ele próprio!...

11.

Justamente o contrário, portanto, do que acontece com o nobre, que concebe o conceito fundamental "bom" antes e de modo espontâneo, isto é, a partir de si mesmo, e só então cria uma representação de "ruim"! Esse "ruim" de origem nobre e aquele "mau" oriundo da caldeira de fermentação do ódio insaciado – o primeiro, uma criação posterior, um acessório, uma cor complementar; o segundo, ao contrário, o original, o início, a verdadeira *ação* na concepção de uma moral de escravos –, como são diferentes essas duas palavras, "ruim" e "mau", ambas aparentemente contrapostas a um mesmo conceito, "bom"! Mas *não* é o mesmo conceito "bom": perguntemos,

---

38. Honoré Gabriel de Riqueti, conde de Mirabeau (1749-1791): político e escritor francês.

antes, *quem* na verdade é "mau" no sentido da moral do ressentimento. Respondendo com todo o rigor: *justamente* o "bom" da outra moral, justamente o nobre, o poderoso, o dominador, apenas repintado, apenas reinterpretado, apenas revisto pelo olho de peçonha do ressentimento. Neste ponto, queremos pelo menos negar uma coisa: quem conheceu aqueles "bons" apenas como inimigos, tampouco conheceu outra coisa senão *inimigos maus,* e os mesmos homens que são tão severamente refreados pelo costume, pela veneração, pelo uso, pela gratidão, e ainda mais pela vigilância mútua, pelo ciúme *inter pares*[39], que no comportamento recíproco, por outro lado, se mostram tão inventivos na consideração, no autodomínio, na delicadeza, na fidelidade, no orgulho e na amizade – tais homens não são para fora, ali onde começa o estranho, *a* região estrangeira, muito melhores do que animais de rapina soltos. Aí eles gozam a liberdade de toda coação social, na selva eles se ressarcem da tensão que resulta de um prolongado confinamento e enclausuramento na paz da comunidade, eles *recuam* à inocência da consciência do animal de rapina, como monstros regozijantes que talvez deixem uma sequência atroz de assassinato, incêndio, violação e tortura com um excesso de alegria e um equilíbrio de alma como se apenas tivessem pregado uma peça de estudantes, convencidos de que agora os poetas têm outra vez, por longo tempo, algo para cantar e louvar. No fundo de todas essas raças nobres não se pode ignorar o animal de rapina, a magnífica *besta loura* vagando avidamente em busca de despojo e vitória; esse fundo oculto necessita de descarga de tempos em tempos, o animal precisa sair outra vez, precisa voltar outra vez à selva: – as nobrezas romana, árabe, germânica e japonesa, os heróis homéricos, os viquingues escandinavos – todos são iguais nessa necessidade. Foram

---

39. Entre iguais.

as raças nobres que deixaram o conceito de "bárbaro" por todos os caminhos que trilharam; mesmo em sua cultura mais elevada se revela uma consciência a respeito e inclusive um orgulho disso (por exemplo, quando Péricles diz a seus atenienses naquela famosa oração fúnebre: "por todas as terras e mares abriu caminho nossa audácia, erigindo em toda parte perenes monumentos no bem *e no mal*"[40]). Essa "audácia" das raças nobres, louca, absurda, súbita como se manifesta, o imprevisível, inclusive o improvável de seus empreendimentos – Péricles ressalta com distinção a ῥαθυμία[41] dos atenienses[42] –, sua indiferença e seu desprezo pela segurança, pelo corpo, pela vida, pelo bem-estar, sua terrível jovialidade e profundo prazer em toda destruição, em todas as volúpias da vitória e da crueldade – tudo se concentrou, para aqueles que sofriam com isso, na imagem do "bárbaro", do "inimigo mau", como, por exemplo, o "godo", o "vândalo". A profunda e gélida desconfiança que o alemão desperta tão logo chega ao poder, e agora mais uma vez – ainda é um eco daquele horror indelével com que a Europa presenciou por séculos o raivar da besta loura germânica (embora mal exista uma afinidade conceitual, muito menos uma afinidade de sangue, entre os antigos germanos e nós, alemães). Certa vez[43], chamei a atenção para o embaraço de Hesíodo quando ele concebeu a sequência das eras da cultura e buscou expressá-la por meio do ouro, da prata e do bronze: ele não soube dar conta da contradição que o mundo de Homero lhe oferecia,

---

40. Tucídides, *História da guerra do Peloponeso*, II, 41. Péricles (493-429 a.C.): estadista, orador e general ateniense.

41. Leviandade, imprudência, despreocupação, indiferença, negligência.

42. *Ibid.*, II, 39.

43. Ver Nietzsche, *Aurora*, seção 189; Hesíodo, *Os trabalhos e os dias*, versos 143-173.

um mundo magnífico, mas igualmente tão terrível, tão violento, senão transformando uma era em duas, que ele então colocou uma após a outra – em primeiro lugar a era dos heróis e semideuses de Troia e Tebas, tal como aquele mundo ficara na memória das estirpes nobres que tinham nele seus próprios ancestrais; em seguida, a era de bronze, tal como aquele mesmo mundo pareceu aos descendentes dos pisoteados, espoliados, maltratados, arrastados, vendidos: como uma era de bronze, segundo foi dito, dura, fria, cruel, sem sentimentos e sem escrúpulos, esmagando e cobrindo tudo de sangue. Supondo que fosse verdadeiro o que agora, em todo caso, se acredita como "verdade", que o *sentido de toda cultura* é justamente criar um animal manso e civilizado, um *animal doméstico*, a partir do animal de rapina "homem", seria sem dúvida preciso considerar todos aqueles instintos de reação e ressentimento, com cujo auxílio finalmente se destruiu e derrotou as estirpes nobres junto com seus ideais, como os autênticos *instrumentos da cultura*; com o que, no entanto, ainda não se teria dito que seus *portadores* também representam ao mesmo tempo eles próprios a cultura. O contrário, antes, não seria só provável – não!, hoje ele é *evidente*! Esses portadores dos instintos depressores e ávidos de retaliação, os descendentes de toda a escravidão europeia e não europeia, em especial de toda a população pré-ariana – eles representam o *retrocesso* da humanidade! Esses "instrumentos da cultura" são uma vergonha para o ser humano, e antes uma suspeita, um contra-argumento contra a "cultura" como tal! Pode haver toda razão em não conseguir livrar-se do medo da besta loura que está no fundo de todas as raças nobres e acautelar-se contra ela: mas quem não preferiria cem vezes ter medo, se ao mesmo tempo pudesse admirar, do que *não* ter medo, mas, nisso, não conseguir mais se livrar da visão nauseante do malogrado, apequenado, atrofiado, envenenado? E não é essa a *nossa* fatalidade? O que constitui hoje a *nossa* repulsa ao "homem"? – pois *padecemos* do homem, não há dúvida. – *Não* o medo; antes o fato de não termos mais nada a temer no homem; que o verme "homem" esteja em primeiro plano e pulule; que o "homem manso", o terrivelmente medíocre e desagradável já tenha aprendido a se sentir como a meta e o ápice, como o sentido da história, como "homem superior"; – que ele tenha certo direito de sentir-se assim na medida em que se sente a distância do excesso de criaturas malogradas, doentes, cansadas e acabadas que faz com que a Europa de hoje comece a cheirar mal; portanto, como algo pelo menos relativamente bem-logrado, pelo menos ainda capaz de viver, que pelo menos ainda diz sim à vida...

12.

– Neste ponto, não reprimo um suspiro e uma última esperança. O que é isso que, logo a mim, é inteiramente intolerável? A única coisa de que não dou conta, que me faz sufocar e definhar? O ar ruim! O ar ruim! Que algo malogrado se aproxime de mim; que eu tenha de sentir o cheiro das entranhas de uma alma malograda!... O que em geral não se suporta de necessidade, privação, mau tempo, enfermidade, fadiga, isolamento? No fundo, damos conta de todo o resto, nascidos como somos para uma existência subterrânea e lutadora; retornamos sempre à luz, vivemos sempre nossa hora áurea de vitória – e aí estamos nós, como nascemos, inquebrantáveis, tesos, prontos para coisas novas, ainda mais difíceis, mais distantes, como um arco a que toda necessidade deixa ainda mais esticado. – Mas concedei-me de tempos em tempos – supondo que existam concedentes celestes, além do bem e do mal – um olhar, concedei-me somente um olhar para algo perfeito, logrado até o fim, feliz, poderoso, triunfante, em que ainda haja algo a temer! A um homem que justifique *o* homem, a um complementar e redentor golpe de sorte do homem, em razão do qual se possa manter *a fé no homem!*... Pois neste pé estão as coisas: o apequenamento e nivelamento do homem europeu oculta *nosso* maior perigo, pois essa visão cansa... Nada vemos hoje que queira ficar maior, suspeitamos que as coisas desçam, desçam cada vez mais, até um ponto mais ralo, mais bonachão, mais esperto, mais cômodo, mais medíocre, mais indiferente, mais chinês, mais cristão – o homem, não resta dúvida, torna-se cada vez "melhor"... Esta é precisamente a fatalidade da Europa – com o medo do homem também perdemos o amor por ele, o respeito por ele, a esperança nele, até a vontade dele. Agora a visão do homem cansa – o que será hoje o niilismo se não for *isso*?... Estamos cansados *do homem*...

13.

– Mas retornemos: o problema da *outra* origem do "bom", do bom conforme o homem do ressentimento o imaginou, exige seu remate. – Não causa estranheza que os cordeiros guardem rancor às grandes aves de rapina: mas aí não há qualquer razão para levar as grandes aves de rapina a mal por apanharem os cordeirinhos. E se os cordeiros dizem entre si: "essas aves de rapina são más; quem for o menos possível uma ave de rapina, antes o seu contrário, um cordeiro – não deveria este ser bom?", não há nada a objetar a essa instauração de um ideal, senão que as aves de rapina olharão um pouco zombeteiramente para isso e talvez digam a si mesmas: "*nós* não guardamos rancor algum contra eles, esses bons cordeiros, nós inclusive os amamos: nada é mais saboroso do que um tenro cordeiro". – Exigir da força que *não* se manifeste como força, que *não* seja um querer subjugar, um querer derrubar, um querer tornar-se senhor, uma sede de inimigos e resistências e triunfos, é exatamente tão absurdo quanto exigir da fraqueza que se manifeste como força. Uma quantidade de força é o equivalente exato de uma quantidade de impulso, vontade, ação – ou antes, não é qualquer outra coisa senão justamente esse impulsionar, querer, agir mesmo, e apenas sob a sedução da linguagem (e dos erros fundamentais da razão nela petrificados), que compreende e compreende mal todo agir como condicionado por um agente, por um "sujeito", as coisas podem parecer de outra forma. Pois exatamente como o povo separa o raio de seu relâmpago e considera este último como *ação*, como efeito de um sujeito chamado "raio", assim a moral do povo também separa a força das manifestações da força, como se por trás do forte houvesse um substrato indiferente que *estivesse livre* para manifestar a força ou não. Mas não existe tal substrato; não há um "ser" por trás da ação, do agir, do devir; "o autor" é apenas acrescentado à ação – a ação é tudo. No fundo, o povo duplica a ação quando faz o raio relampejar, é uma ação da ação: ele estabelece o mesmo acontecimento como causa e depois, outra vez, como o seu efeito. Os naturalistas não fazem melhor quando dizem que "a força move, a força causa" e coisas do tipo – toda a nossa ciência ainda se encontra, apesar de toda a sua frieza, de sua liberdade em relação ao afeto, sob a sedução da linguagem e não se livrou dos fedelhos trocados[44] que lhe impingiram, os "sujeitos" (o átomo, por exemplo, é um desses fedelhos trocados, da mesma forma a "coisa em si" kantiana): não admira que os afetos da vingança e do ódio, reprimidos e ardendo ocultos, aproveitem para si essa crença e inclusive não sustentem, no fundo, qualquer

---

44. "Fedelho trocado" (*Wechselbalg*) é uma expressão que alude a antigas crenças populares segundo as quais uma criança feia ou deformada seria o resultado de uma troca feita por anões ou maus espíritos.

crença mais fervorosamente senão a de que *o forte está livre para ser fraco e a ave de rapina para ser cordeiro*: – com isso ganham entre si, afinal, o direito de *imputar* à ave de rapina o fato de ser ave de rapina... Quando os oprimidos, pisoteados e violados se persuadem, do fundo da astúcia vingativa da impotência: "deixai-nos ser diferentes dos maus, a saber, bons! E bom é todo aquele que não viola, que não fere ninguém, que não ataca, que não se desforra, que deixa a vingança a Deus, que, como nós, se mantém às escondidas, que se afasta de tudo o que é mau e exige pouco da vida, tal como nós, os pacientes, humildes, justos" – então isso não significa na verdade, ouvido friamente e sem parcialidade, mais do que: "nós, fracos, simplesmente somos fracos; é bom que não façamos nada *para o que não somos fortes o bastante*" – mas esse amargo estado de coisas, essa esperteza da mais baixa categoria que mesmo os insetos têm (que decerto se fazem de mortos numa situação de grande perigo para não precisarem fazer "demais"), vestiu, graças àquela moedagem falsa e ao autoengano da impotência, a pompa da virtude austera, quieta e expectante, tal como se a própria fraqueza do fraco – mas isso quer dizer o seu *ser*, o seu agir, toda a sua realidade única, inevitável e insubstituível – fosse um feito voluntário, algo querido, escolhido, uma *ação*, um *mérito*. Essa espécie de homem *necessita* da crença no "sujeito" indiferente, livre para escolher, devido a um instinto de autoconservação, autoafirmação, no qual cada mentira costuma se santificar. Talvez o sujeito (ou, falando de maneira mais popular, a *alma*) tenha sido até agora o melhor dogma sobre a Terra porque possibilitou à maioria dos mortais, aos fracos e abatidos de todo tipo, aquele sublime autoludíbrio de interpretar a própria fraqueza como liberdade, o fato de ser deste ou daquele jeito como *mérito*.

14.

— Será que alguém quer descer um pouco no interior do mistério e olhar para baixo a fim de ver como se *fabricam ideais* na Terra? Quem tem coragem para tanto?... Pois bem! Aqui temos vista livre nessa oficina escura. Aguarde apenas mais um momento, meu senhor Indiscreto e Temerário: o seu olho precisa primeiro se acostumar a essa luz falsa e cambiante... Assim! Basta! Agora fale! O que se passa ali embaixo? Diga o que o senhor vê, homem da mais perigosa curiosidade – agora sou *eu* quem escuta. –

— Nada vejo, mas ouço tanto melhor. Há um murmurar e sussurrar cauteloso, pérfido e baixinho vindo de todos os cantos e recantos. Parece-me que se mente; uma suavidade açucarada gruda em cada som. A fraqueza deve ser convertida de maneira mentirosa em *mérito*, não há dúvida – as coisas são tal como o senhor disse...

— Adiante!

— ...e a impotência que não revida, convertida em "bondade"; a baixeza medrosa em "humildade"; a sujeição àqueles a quem se odeia em "obediência" (a saber, a um ente do qual dizem que ordena essa sujeição – eles o chamam de Deus). A índole não ofensiva do fraco, a própria covardia, da qual é rico, o seu ficar parado à porta, o seu inevitável ter de esperar, ganha um bom nome aqui, "paciência", que também é chamada de *a* virtude; o não poder vingar-se é chamado de "não querer vingar-se", talvez até mesmo de "perdão" ("pois *eles* não sabem o que fazem[45] – só nós sabemos o que *eles* fazem!"). Também se fala do "amor aos seus inimigos"[46] – e se sua ao fazê-lo.

— Adiante!

— Eles são miseráveis, não resta qualquer dúvida, todos esses murmuradores e moedeiros falsos dos recantos,

---

45. Lucas 23, 34.
46. Mateus 5, 44.

por mais que estejam acocorados na companhia uns dos outros e se aqueçam – mas eles me dizem que sua miséria é uma escolha e distinção de Deus, que a gente espanca os cachorros de que mais gosta; talvez essa miséria também seja uma preparação, uma prova, um ensinamento, talvez ela seja ainda mais – algo que um dia será compensado e pago com juros monstruosos em ouro, não!, em felicidade. A isso eles chamam de "a bem-aventurança".

– Adiante!

– Agora eles me dão a entender que não apenas são melhores que os poderosos, os senhores da Terra, cujas botas têm de lamber (*não* por medo, de forma alguma por medo!, e sim porque Deus ordena respeitar toda autoridade[47]) – não só que são melhores, mas que também "estão melhores", que em todo caso estarão melhores um dia. Mas basta! Basta! Não suporto mais. O ar ruim! O ar ruim! Essa oficina onde se *fabricam ideais* – parece-me que ela fede de pura mentira.

– Não! Só mais um momento! O senhor ainda não disse nada sobre a obra-prima desses praticantes de magia negra, que produzem brancor, leite e inocência a partir de tudo o que é negro: – o senhor não notou qual é sua perfeição no refinamento, seu mais ousado, mais fino, mais espirituoso, mais mentiroso truque de artistas? Preste atenção! Esses animais de porão cheios de vingança e ódio – o que fazem justamente da vingança e do ódio? O senhor já ouviu essas palavras? O senhor suspeitaria, se acreditasse somente em suas palavras, que está apenas entre homens do ressentimento?...

– Entendo; abrirei novamente meus ouvidos (ah! ah! ah! e *fecharei* o nariz). Só agora ouço o que tantas vezes já disseram: "Nós, bons – *nós somos os justos*" – eles não chamam de desforra o que exigem, e sim de "o triunfo da

---

47. Romanos 13, 1.

justiça"; eles não odeiam seu inimigo, não!, eles odeiam a "*injustiça*", a "impiedade"; no que acreditam e o que esperam não é a esperança de vingança, a embriaguez da doce vingança (– "mais doce que o mel", já a chamava Homero[48]), mas a vitória de Deus, do Deus *justo* sobre os ímpios; o que lhes resta para amar sobre a Terra não são os seus irmãos no ódio, mas os seus "irmãos no amor"[49], como dizem, todos os bons e justos sobre a Terra.

– E como chamam o que lhes serve de consolo para todos os sofrimentos da vida – sua fantasmagoria da antecipada bem-aventurança futura?

– Como? Estou escutando direito? Eles a chamam de "juízo final", de vinda de *seu* reino, do "reino de Deus" – mas *por ora* eles vivem "na fé", "no amor" e "na esperança"[50].

– Basta! Basta!

15.

Na fé em quê? No amor a quê? Na esperança de quê? – Esses fracos – pois em algum momento também *eles* querem ser os fortes, não há dúvida, em algum momento também deve vir o *seu* "reino"[51] – que entre eles é simplesmente chamado de "reino de Deus", como foi dito: são tão humildes em tudo, afinal! Só que para vivenciar *isso* é preciso viver muito, viver além da morte – é preciso a vida eterna para que também possam se ressarcir eternamente no "reino de Deus" por aquela vida terrena "na fé, no amor e na esperança". Ressarcir-se do quê? Ressarcir-se como?... Dante, segundo me parece, enganou-se grosseiramente ao

---

48. *Ilíada* 18, 109.
49. Romanos 12, 10.
50. 1 Coríntios 13, 13.
51. Mateus 6, 10; Lucas 11, 2.

colocar, com uma ingenuidade aterradora, aquela inscrição sobre os portões de seu inferno, "também a mim criou o amor eterno"[52]: – sobre os portões do paraíso cristão e sua "eterna bem-aventurança", em todo caso, deveria constar com muito mais razão a inscrição "também a mim criou o *ódio* eterno" – supondo que uma verdade pudesse estar sobre o portão de uma mentira! Pois *qual* é a bem-aventurança daquele paraíso?... Talvez já tenhamos adivinhado; mas é melhor que isso nos seja atestado expressamente por uma autoridade em tais coisas a quem não cabe subestimar, Tomás de Aquino[53], o grande professor e santo. "*Beati in regno coelesti*", diz ele, meigo como um cordeiro, "*videbunt poenas damnatorum, ut beatitudo illis magis complaceat.*"[54] Ou vamos querer ouvir isso num tom mais forte, quem sabe da boca de um triunfante pai da Igreja[55], que desaconselhava as cruéis volúpias dos espetáculos públicos a seus cristãos – por que, afinal? "A fé nos oferece muito mais" – diz ele, *De spectaculis*, cap. 29 –, "*coisas muito mais fortes*; graças à salvação, oferecem-se a nós alegrias muito diferentes; em lugar dos atletas, temos os nossos mártires; se quisermos sangue, bem, então temos o sangue de Cristo...[56] Mas o que não nos espera no dia de seu retorno, de seu triunfo!" – e então ele prossegue, o arrebatado visionário: "*At enim supersunt alia spectacula, ille ultimus et perpetuus judicii dies, ille nationibus insperatus, ille derisus, cum tanta*

---

52. Ver *A divina comédia*, "Inferno", 3, 5-6.

53. Tomás de Aquino (1225-1274): tentou harmonizar a filosofia grega (Aristóteles) com a verdade revelada, sendo considerado o ponto culminante do pensamento cristão.

54. "Os bem-aventurados no reino dos céus verão as penas dos danados, *de modo que a bem-aventurança mais lhes comprazerá.*" (*Suma teológica*, Suplemento à terceira parte, questão 94, artigo 1, conclusão). O destaque é de Nietzsche.

55. Tertuliano (c. 150-c. 225): teólogo romano.

56. A partir da frase seguinte: Tertuliano, *De spectaculis*, cap. 30.

saeculi vetustas et tot ejus nativitates uno igne haurientur. Quae tunc spectaculi latitudo! Quid admirer! Quid rideam! Ubi gaudeam! Ubi exultem, *spectans tot et tantos* reges, *qui in coelum recepti nuntiabantur, cum ipso Jove et ipsis suis testibus in imis tenebris congemescentes! Item praesides* (os governadores das províncias) *persecutores dominici nominis saevioribus quam ipsi flammis saevierunt insultantibus contra Christianos liquescentes! Quos praeterea sapientes illos philosophos coram discipulis suis una conflagrantibus erubescentes, quibus nihil ad deum pertinere suadebant, quibus animas aut nullas aut non in pristina corpora redituras affirmabant! Etiam poëtàs non ad Rhadamanti nec ad Minois, sed ad inopinati Christi tribunal palpitantes! Tunc magis tragoedi audiendi, magis scilicet vocales* (com melhor voz, gritando com mais força) *in sua propria calamitate; tunc histriones cognoscendi, solutiores multo per ignem; tunc spectandus auriga in flammea rota totus rubens, tunc xystici contemplandi non in gymnasiis, sed in igne jaculati, nisi quod ne tunc quidem illos velim vivos, ut qui malim ad eos potius conspectum* insatiabilem *conferre, qui in dominum desaevierunt. 'Hic est ille, dicam, fabri aut quaestuariae filius* (a partir deste ponto Tertuliano se refere aos judeus, como mostra tudo o que segue e, em especial, também essa conhecida designação da mãe de Jesus que consta no Talmude), *sabbati destructor, Samarites et daemonium habens. Hic est, quem a Juda redemistis, hic est ille arundine et colaphis diverberatus, sputamentis dedecoratus, felle et aceto potatus. Hic est, quem clam discentes subripuerunt, ut resurrexisse dicatur vel hortulanus detraxit, ne lactucae suae frequentia commeantium laederentur.' Ut talia spectes, ut talibus exultes, quis tibi praetor aut consul aut quaestor aut sacerdos de sua liberalitate praestabit? Et tamen haec jam habemus quodammodo per fidem spiritu imaginante repraesentata. Ceterum qualia illa sunt, quae nec oculus vidit nec auris audivit nec in cor hominis ascenderunt?"*

(1 Cor. 2, 9) "*Credo circo et utraque cavea* (de primeira e quarta categoria, ou, de acordo com outros, o teatro cômico e o trágico) *et omni stadio gratiora.*"[57] – Per

57. "Mas ainda restam outros espetáculos: aquele último e perpétuo dia do juízo, aquele dia não esperado pelas nações, aquele dia zombado em que todo o mundo antigo e tudo o que ele gerou será queimado num só fogo. Que plenitude de espetáculos haverá então! *O que admirarei! Do que rirei! Como me alegrarei! Como exultarei* ao ver tantos *reis*, de quem se disse que foram recebidos no céu, gemendo com o próprio Júpiter e suas próprias testemunhas nas mais profundas trevas! Da mesma forma, verei os governantes (os governadores das províncias), os perseguidores do nome do Senhor, derretendo em chamas mais raivosas que aquelas com que raivaram contra os cristãos! Além disso, aqueles sábios filósofos, que enrubescerão diante de seus discípulos, com os quais queimarão, e a quem persuadiram que Deus nada toca, a quem asseguraram que ou a alma não existe ou não retorna ao corpo anterior! Também verei os poetas, não diante do tribunal de Radamanto e Minos, mas tremendo diante do tribunal do Cristo inesperado! Então se poderá ouvir melhor os tragediógrafos, isto é, com vozes mais fortes (com melhor voz, gritando com mais força) em sua própria calamidade; então se poderá conhecer os atores, que o fogo deixará muito mais soltos; então se verá o auriga inteiramente rubro na roda de chamas; então se contemplará os atletas, não no ginásio, mas lançados ao fogo – sem considerar que mesmo então não gostaria de vê-los, mas preferiria lançar um olhar *insaciável* sobre aqueles que se enfureceram contra o Senhor. 'Eis aqui – direi – aquele filho do carpinteiro e da meretriz (a partir deste ponto Tertuliano se refere aos judeus, como mostra tudo o que segue e, em especial, também essa conhecida designação da mãe de Jesus que consta no Talmude), o destruidor do sábado, o samaritano, o possuído pelo demônio. Ele é aquele que comprastes de Judas, aquele que foi atingido por aquela cana e por golpes, conspurcado por cusparadas, a quem deram de beber fel e vinagre. Ele é aquele que foi levado em segredo por seus discípulos para que pudessem dizer que ressuscitou ou que o hortelão levou embora para que suas (cont.)

fidem[58]: assim está escrito.

16.

Vamos à conclusão. Os dois valores *opostos* "bom e ruim" e "bom e mau" travaram sobre a Terra uma luta terrível, que durou milênios; e por mais certo que o segundo valor prevaleça há tempo, mesmo agora não faltam lugares em que a luta prossegue sem estar decidida. Poderíamos até dizer que nesse entretempo ela foi sendo levada cada vez mais alto e, justamente com isso, tornou-se cada vez mais profunda, cada vez mais espiritual: de maneira que hoje talvez não haja um sinal mais decisivo da *"natureza superior"*, da natureza mais espiritual, do que ser conflitante nesse sentido e ser realmente ainda um campo de batalha para aqueles opostos. O símbolo dessa luta, escrito em caracteres que permaneceram legíveis por toda a história humana até agora, diz "Roma contra a Judeia, Judeia contra Roma": – não houve até agora qualquer acontecimento maior que *essa* luta, *essa* questão, *essa* oposição marcada por uma inimizade

---

(cont.) alfaces não fossem pisoteadas pela multidão que afluía.' Ver tais coisas, *exultar com tais coisas* – qual pretor ou cônsul ou questor ou sacerdote poderia te conceder isso? E, contudo, *pela fé* já o temos de certo modo presente no espírito. De resto, como são aquelas coisas que nem o olho viu nem o ouvido ouviu e nem chegaram ao coração do homem? (1 Cor. 2, 9) Creio que sejam mais bem-vindas que o circo e ambos os teatros (de primeira e quarta categoria, ou, de acordo com outros, o teatro cômico e o trágico) e qualquer estádio." (Os parênteses e itálicos são de Nietzsche.)

Esta tradução se baseia numa versão alemã reproduzida na biografia de Nietzsche elaborada por Curt Paul Janz (*Friedrich Nietzsche: Biographie*. München, Hanser, 1993, v. 3, p. 265).

58. *Por fé.*

mortal. Roma sentiu no judeu algo como a própria contranatureza, como que o seu monstro antípoda; em Roma se considerava o judeu "*convicto* de ódio a todo o gênero humano"[59]: com razão, desde que se tenha direito de relacionar a ventura e o futuro do gênero humano ao domínio incondicional dos valores aristocráticos, dos valores romanos. O que os judeus, em compensação, sentiram em relação a Roma? Pode-se adivinhá-lo a partir de mil indícios; mas basta trazer à memória o Apocalipse de João, aquela mais selvagem de todas as erupções escritas que a vingança carrega em sua consciência. (Não subestimemos, aliás, a profunda coerência do instinto cristão quando intitulou precisamente esse livro do ódio com o nome do discípulo do amor, o mesmo a quem atribuiu aquele evangelho apaixonado-fanático –: há nisso um fragmento de verdade, por maior que também tenha sido a moedagem falsa literária exigida por essa finalidade.) Os romanos eram afinal os fortes e nobres, como até então não houve mais fortes e mais nobres na Terra, nem sequer em sonhos; qualquer resto, qualquer inscrição deles fascina, supondo que se adivinhe *o que* escreve aí. Os judeus, ao contrário, eram aquele povo sacerdotal do ressentimento *par excellence*, ao qual era inerente uma genialidade moral-popular sem igual: que apenas se compare os povos com talentos afins, como os chineses ou os alemães, aos judeus, para compreender o que é de primeira e o que é de quinta categoria. Quem *venceu* por enquanto, Roma ou a Judeia? Mas não resta dúvida alguma: basta considerar diante de quem as pessoas se curvam hoje na própria Roma como se fosse a suma de todos os valores superiores – e não só em Roma, mas em quase meio mundo, por toda parte em que o homem tenha se tornado manso ou queira se tornar –,

---

59. Tácito, *Anais* 15, 44.

diante de *três judeus*, como se sabe, e *uma judia* (diante de Jesus de Nazaré, do pescador Pedro, do tapeceiro Paulo e da mãe do inicialmente mencionado Jesus, chamada Maria). Isso é bastante notável: Roma foi derrotada sem a menor dúvida. Não obstante, houve na Renascença um redespertar brilhante-inquietante do ideal clássico, do modo nobre de valorar todas as coisas: a própria Roma se moveu como um pseudomorto despertado sob o peso da nova Roma judaizada construída por cima, que oferecia o aspecto de uma sinagoga ecumênica e se chamava "Igreja": mas logo a Judeia triunfou outra vez, graças àquele movimento (alemão e inglês) de ressentidos fundamentalmente plebeu chamado Reforma, somado ao que dele devia resultar, o restabelecimento da Igreja – também o restabelecimento do antigo silêncio tumular da Roma clássica. Num sentido inclusive mais decisivo e mais profundo do que nessa ocasião, a Judeia derrotou mais uma vez o ideal clássico com a Revolução Francesa: a última nobreza política que havia na Europa, a dos séculos XVII e XVIII *franceses*, sucumbiu sob os instintos populares do ressentimento – jamais se ouviu sobre a Terra um júbilo maior, um entusiasmo mais barulhento! É verdade que em meio a isso aconteceu a coisa mais tremenda, mais inesperada: o próprio ideal antigo se mostrou *em pessoa* e com inaudita magnificência diante dos olhos e da consciência da humanidade – e mais uma vez, mais forte, mais simples, mais insistentemente do que nunca, ressoou, frente ao velho lema mentiroso do ressentimento acerca da *prerrogativa da maioria*, frente à vontade de terras baixas, de rebaixamento, de nivelamento, de declínio e de crepúsculo do homem, o terrível e arrebatador lema contrário da *prerrogativa dos poucos!* Napoleão surgiu como uma última indicação do *outro* caminho, Napoleão, o homem mais individual e mais tardio que jamais houve, e nele, o problema feito carne do *ideal nobre em si* – reflita-se bem *que* problema é esse: Napoleão, essa síntese de *não homem*[60] e *super-homem*...

17.

– E esse era o fim? Aquela que é a maior de todas as antíteses de ideais era assim arquivada por todos os tempos? Ou apenas adiada, adiada por longo tempo?... Não deveria ocorrer alguma vez um reavivamento do antigo incêndio, ainda muito mais terrível, preparado por muito mais tempo? Mais ainda: não caberia desejar justamente *isso* com todas as forças? Mesmo querê-lo? Mesmo promovê-lo?... Quem começa neste ponto, tal como os meus leitores, a refletir, prosseguindo nessa reflexão, dificilmente chegará logo ao fim – razão suficiente para que eu mesmo finalize, supondo que há muito tenha ficado suficientemente claro o que *quero*, o que quero precisamente com aquele lema perigoso escrito no corpo de meu último livro: "*Além do bem e do mal*"... Isso pelo menos *não* significa "Além do bom e do ruim". – –

Nota. Aproveito a oportunidade que esta dissertação me oferece para expressar pública e formalmente um desejo que até agora só manifestei em conversas ocasionais com estudiosos: a saber, que alguma faculdade de filosofia preste grandes serviços ao fomento dos estudos *histórico-morais* através de uma série de concursos acadêmicos: – talvez este livro sirva para dar um estímulo enérgico precisamente em tal direção. Com vista a uma possibilidade desse tipo, proponho a seguinte questão: ela merece tanto a atenção dos filólogos e historiadores quanto a dos próprios estudiosos da filosofia por ofício.

---

60. Tradução literal de *Unmensch*, "monstro".

"Que indicações são dadas pela ciência da linguagem, em especial pela pesquisa etimológica, a respeito da história do desenvolvimento dos conceitos morais?"

– Por outro lado, é no entanto igualmente necessário obter a colaboração dos fisiólogos e dos médicos para esses problemas (do *valor* das valorações até agora existentes): no que os filósofos profissionais poderiam se incumbir, também neste caso específico, de fazer as vezes de intercessores e mediadores depois que tenham conseguido, em âmbito maior, transformar a relação originalmente tão áspera, tão desconfiada, entre a filosofia, a fisiologia e a medicina no mais amistoso e mais frutífero intercâmbio. Na realidade, todas as tábuas de bens, todos os "tu deves" conhecidos pela história ou pela pesquisa etnológica, carecem inicialmente da iluminação e interpretação *fisiológica*, ainda antes, em todo caso, que da psicológica; todas aguardam igualmente uma crítica por parte da ciência médica. A questão "qual o *valor* desta ou daquela tábua de bens e 'moral'?" precisa ser colocada sob as mais distintas perspectivas; o "com valor *para quê?*", sobretudo, não poderá ser interpretado com sutileza o bastante. Algo, por exemplo, que visivelmente tivesse valor com vista à maior duração possível de uma raça (ou ao aumento de suas forças de adaptação a determinado clima ou à conservação do maior número) não teria absolutamente o mesmo valor quando se tratasse, por exemplo, de formar um tipo mais forte. O bem da maioria e o bem dos poucos são pontos de vista valorativos contrários: considerar o primeiro *em si* como o mais valioso é algo que queremos deixar para a ingenuidade dos biólogos ingleses... *Todas* as ciências têm daqui por diante de abrir caminho para a tarefa futura do filósofo: entendendo-se essa tarefa no sentido de que cabe ao filósofo resolver o *problema do valor*, que lhe cabe determinar a *hierarquia dos valores*. –

Segunda dissertação:
"culpa", "má consciência" e afins

1.

Criar um animal que *possa prometer* – não é essa precisamente aquela tarefa paradoxal mesma que a natureza se colocou em relação ao homem? Não é esse o verdadeiro problema *do* homem?... O fato de esse problema ter sido em ampla medida resolvido deve parecer tão mais espantoso àquele que consegue reconhecer plenamente a força que atua em contrário, a do *esquecimento*. Este não é uma mera *vis inertiae*[1], como pensam os superficiais; é, antes, uma faculdade inibidora ativa, positiva no mais estrito sentido, à qual cabe atribuir o fato de as coisas por nós vividas, experimentadas, acolhidas em nosso interior, chegarem, no estado de digestão (poderíamos chamá-lo de "inalmação"), tão pouco à nossa consciência quanto todo o processo de mil facetas com o qual transcorre nossa nutrição física, a chamada "incorporação". Fechar momentaneamente as portas e janelas da consciência; não ser perturbado pelo barulho e pela luta com que o nosso submundo de órgãos serviçais trabalha em acordo e desacordo mútuo; um pouco de silêncio, um pouco de *tabula rasa* da consciência para que haja novamente espaço para coisas novas, sobretudo para as funções e os funcionários mais nobres, para comandar, prever, predeterminar (pois o nosso organismo é ordenado oligarquicamente) – tal é a utilidade do esquecimento ativo, como foi dito, um porteiro, por assim dizer, um mantenedor da ordem

---

1. Força inercial.

psíquica, da tranquilidade, da etiqueta: o que permite ver de imediato em que medida não poderia haver qualquer felicidade, qualquer jovialidade, qualquer esperança, qualquer orgulho, qualquer *presente* sem esquecimento. A pessoa em quem esse aparelho inibidor é danificado e para pode ser comparada a um dispéptico (e não apenas comparada –), ela não "dá conta" de nada... Justo esse animal necessariamente esquecidiço, no qual o esquecer representa uma força, uma forma de saúde *forte*, criou para si uma contrafaculdade, uma memória, com cujo auxílio o esquecimento é suspenso em certos casos – isto é, os casos em que cumpre fazer promessas: portanto, de forma alguma apenas um passivo não-poder-mais-se-livrar da impressão uma vez gravada, não apenas a indigestão devido a uma palavra certa vez empenhada da qual não damos mais conta, mas um ativo não-*querer*-mais-se-livrar, um continuar querendo e querendo o que uma vez se quis, uma genuína *memória da vontade*: de maneira que entre o original "eu quero", "eu farei", e a efetiva descarga da vontade, seu *ato*, se possa colocar sem receio um mundo de coisas, circunstâncias e mesmo atos de vontade novos e alheios sem que essa longa cadeia da vontade se rompa. Mas quanta coisa isso não pressupõe! Para dispor de tal maneira do futuro, como o homem deve ter primeiro aprendido a separar os eventos necessários dos casuais, a pensar causalmente, a ver e antecipar o distante como se estivesse presente, a estabelecer com segurança o que é finalidade e o que é meio para tanto, sobretudo poder calcular, prever – como o próprio homem teve para tanto de tornar-se primeiro *previsível, regular, necessário*, também a si mesmo frente à sua própria representação, para finalmente poder dessa forma, como faz um prometedor, garantir a si mesmo *como futuro!*

2.

Exatamente isso é a longa história da origem da *responsabilidade*. Aquela tarefa de criar um animal que possa prometer inclui como condição e preparação, conforme já compreendemos, a tarefa mais imediata de primeiro *tornar* o homem, até certo grau, necessário, uniforme, igual entre iguais, regular e, por conseguinte, previsível. O trabalho colossal do que chamei de "moralidade do costume" (ver *Aurora*, aforismos 9, 14 e 16) – o verdadeiro trabalho do homem feito em si mesmo durante o período mais longo da espécie humana, todo o seu trabalho *pré-histórico*, tem aí o seu sentido, a sua grande justificação, por maior a dureza, a tirania, a estupidez e o idiotismo que também lhe sejam inerentes: com a ajuda da moralidade do costume e da camisa de força social, o homem foi realmente *tornado* previsível. Coloquemo-nos, em contrapartida, no fim do colossal processo, ali onde a árvore finalmente amadurece seus frutos, onde a sociedade e sua moralidade do costume finalmente revelam *para o que* foram apenas o meio: então encontramos, como fruto mais maduro de sua árvore, o *indivíduo soberano*, que não tem igual, que se libertou da moralidade do costume, o indivíduo autônomo supramoral (pois "autônomo" e "moral" se excluem), em suma, o homem dotado de uma vontade própria, prolongada e independente que *pode prometer* – e nele uma consciência orgulhosa, palpitando em todos os músculos, sobre *o que* foi aí finalmente conquistado e nele se corporificou, uma verdadeira consciência de poder e liberdade, um sentimento de perfeição do homem como tal. Esse libertado, que realmente *pode* prometer, esse senhor dotado de *livre*-arbítrio, esse soberano – como não deveria saber da superioridade que tem com isso sobre todos os que não podem prometer e dar garantias de si, quanta confiança, quanto medo, quanto respeito ele desperta – ele "*merece*" essas três coisas – e como, com esse domínio sobre si mesmo, também lhe é dado necessariamente o domínio sobre as circunstâncias, sobre a natureza e todas as criaturas de vontade mais curta e menos confiáveis? O homem "livre", o possuidor de uma vontade prolongada e inquebrantável, tem nessa posse também a sua *medida de valor*: olhando a partir de si para os outros, ele honra ou despreza; e tão necessariamente quanto honra os seus iguais, os fortes e confiáveis (os que *podem* prometer) – ou seja, todo aquele que promete como um soberano, difícil, rara e lentamente, que é avaro com sua confiança, que *distingue* quando confia, que dá sua palavra como algo confiável porque se sabe forte o bastante para mantê-la mesmo frente a acidentes, mesmo "frente ao destino" –: de maneira igualmente necessária, terá a postos o seu pontapé para os galgos[2] esquálidos que prometem sem podê-lo e o seu chicote para o mentiroso que quebra sua palavra já no momento em que a pronuncia. O orgulhoso conhecimento a respeito do extraordinário privilégio da *responsabilidade*, a consciência dessa rara liberdade, esse poder sobre si mesmo e sobre o destino, desceu nele até a sua mais remota profundidade e se transformou em instinto, em instinto dominante: – como ele chamará esse instinto dominante, supondo que necessite de uma palavra para isso lá consigo? Mas não há dúvida: esse homem soberano o chamará de sua *consciência*...[3]

3.

Sua consciência?... É possível adivinhar de antemão que o conceito de "consciência" que encontramos aqui em

---

2. *Windhund*, palavra que também designa a pessoa leviana, superficial e não confiável.

3. *Gewissen*, termo que denota a "consciência moral"; a "consciência psicológica" é designada em alemão por *Bewusstsein*.

sua configuração mais elevada, quase surpreendente, já tem atrás de si uma longa história e mudança de formas. Poder dar garantias de si e fazê-lo com orgulho, ou seja, *poder dizer sim* também a si mesmo – isso é, como foi dito, um fruto maduro, mas também um fruto *tardio*: – por quanto tempo esse fruto não precisou ficar pendurado na árvore, acre e azedo! E por um tempo ainda muito mais longo não se via absolutamente nada de tal fruto – ninguém teria podido prometê-lo, por mais que tudo na árvore estivesse preparado e crescesse precisamente com vistas a ele! – "Como se faz para que o animal humano tenha uma memória? Como se inculca algo de tal modo que se mantenha presente nesse entendimento momentâneo, em parte embotado, em parte confuso, nesse esquecimento em pessoa?"... Como se pode imaginar, esse problema arquiantigo não foi resolvido exatamente com respostas e meios delicados; talvez não haja inclusive nada mais terrível e mais sinistro em toda a pré-história do homem do que sua *mnemotécnica*. "Marca-se algo a fogo para que fique na memória: só o que não deixa de *doer* fica na memória" – essa é uma das principais teses da mais antiga (infelizmente, também da mais prolongada) psicologia sobre a Terra. Seria possível dizer, inclusive, que por toda parte em que ainda agora existem na Terra solenidade, seriedade, segredo e cores sombrias na vida de pessoas e povos, *continua agindo* algo da terribilidade com que no passado se prometia, se empenhava, se jurava por toda parte na Terra: o passado, o mais prolongado, mais profundo e mais duro passado, nos bafeja e brota em nós quando ficamos "sérios". As coisas nunca se passavam sem sangue, tortura e sacrifício quando o homem julgava necessário construir uma memória; os mais medonhos sacrifícios e penhores (entram aí os sacrifícios de primogênitos), as mais repulsivas mutilações (as castrações, por exemplo), as mais cruéis formas rituais de todos os cultos religiosos (e todas as religiões, em sua base mais profunda, são sistemas de crueldades) – tudo isso tem sua origem naquele instinto que adivinhou na dor o mais poderoso auxiliar da mnemônica. Num certo sentido, todo o ascetismo entra aqui: algumas ideias devem se tornar indeléveis, onipresentes, inesquecíveis, "fixas", para fins de hipnotização de todo o sistema nervoso e intelectual mediante essas "ideias fixas" – e os procedimentos e formas de vida ascéticos são meios para tirar essas ideias da concorrência com todas as restantes, para torná-las "inesquecíveis". Quanto pior a humanidade estava "de memória", tanto mais terrível era sempre o aspecto de seus usos; o rigor das leis penais, em especial, fornece uma medida de quanto esforço ela despendeu para vencer o esquecimento e conservar *presentes* a esses escravos momentâneos do afeto e do apetite algumas exigências primitivas da convivência social. Nós, alemães, por certo não nos consideramos um povo especialmente cruel e insensível, muito menos especialmente leviano e que vive somente para o dia; porém, que apenas se veja nossas antigas prescrições penais para descobrir o trabalho que dá criar um "povo de pensadores" na Terra (quer dizer: *o* povo da Europa em meio ao qual ainda hoje se pode encontrar o máximo de confiança, seriedade, falta de gosto e objetividade, e que, com essas qualidades, tem o direito de criar todo tipo de mandarins da Europa). Esses alemães construíram uma memória com meios terríveis a fim de se tornarem senhores de seus instintos plebeus fundamentais e da rudeza brutal deles: recorde-se as antigas punições alemãs, por exemplo o apedrejamento (– já a lenda faz a pedra de moinho cair na cabeça do culpado), o suplício da roda (a invenção e especialidade mais peculiar do gênio alemão no reino da punição!), a morte a porretadas, o despedaçamento ou pisoteamento por cavalos (o "esquartejamento"), a fervura do criminoso em óleo ou vinho (ainda nos séculos XIV e XV), o popular esfolamento ("corte de tiras"), o corte da carne do peito; por certo, também o costume de besuntar o malfeitor com mel e abandoná-lo às moscas sob o sol abrasador. Com ajuda de tais imagens e processos, conserva-se finalmente na memória cinco ou seis "eu não quero" em relação aos quais se deu sua *promessa* a fim de viver com as vantagens da sociedade – e, realmente! Com ajuda dessa espécie de memória, finalmente se foi "chamado à razão"! – Ah, a razão, a seriedade, o domínio sobre os afetos, toda essa coisa sombria chamada reflexão, todos esses privilégios e ornamentos do homem: como custaram caro! Quanto sangue e horror estão no fundamento de todas as "coisas boas"!...

4.

Mas como foi que veio ao mundo aquela outra "coisa sombria", a consciência de culpa, toda a "má consciência"?[4] – E, com isso, voltamos aos nossos genealogistas da moral. Repito – ou ainda não cheguei a dizer isso? – que eles não valem nada. Uma experiência própria com cinco palmos de extensão, meramente "moderna"; nenhum conhecimento do passado, nenhuma vontade de conhecê-lo; muito menos um instinto histórico, uma "segunda visão" necessária precisamente aqui – e ainda assim dedicar-se à história da moral: é razoável que isso tenha de acabar em resultados que se encontram numa relação não apenas frágil com a verdade. Será que esses genealogistas da moral que tivemos até hoje sonharam sequer de longe, por exemplo, que aquele conceito moral capital, "culpa", tomou sua

---

4. Uma tradução alternativa e mais usual para "má consciência" (*schlechtes Gewissen*, literalmente "consciência ruim") seria "consciência pesada".

origem do conceito bastante material de "dívida"?[5] Ou que a punição, na condição de uma *paga*, se desenvolveu inteiramente à parte de qualquer pressuposto sobre a liberdade ou não liberdade da vontade? – e isso ao ponto de sempre se necessitar primeiro de um *elevado* grau de humanização para que o animal "homem" comece a fazer aquelas distinções muito mais primitivas tais como "intencional", "involuntário", "casual", "imputável" e seus opostos e levá-las em conta ao aplicar a pena. Aquele pensamento agora tão trivial e aparentemente tão natural, tão inevitável, que teve de fazer as vezes de explicação para o modo como o sentimento de justiça afinal surgiu na Terra, o pensamento de que "o criminoso merece a punição *porque* poderia ter agido de outra maneira", é de fato uma forma do julgar e do concluir humanos alcançada extremamente tarde, e até uma forma refinada; quem a desloca aos primórdios, engana-se de modo grosseiro sobre a psicologia da humanidade mais antiga. Durante o período mais longo da história humana, *não* se puniu de forma alguma *porque* se responsabilizava o malfeitor por seu ato, ou seja, *não* se punia sob o pressuposto de que cabe punir apenas o culpado: – punia-se, antes, da forma como agora os pais ainda punem seus filhos, por fúria devido a um dano sofrido e que é descarregada sobre quem o causou – mas essa fúria é refreada e modificada pela ideia de que todo dano tem de algum modo o seu *equivalente* e pode ser realmente pago, mesmo que seja mediante a *dor* de quem o provocou. De onde tirou o seu poder essa ideia arquiantiga, profundamente enraizada e que agora talvez não seja mais extirpável, a ideia de uma equivalência entre dano e dor? Já o revelei: da relação contratual entre *credor* e *devedor*, que é tão antiga quanto a existência de "sujeitos de direito" e que, por sua vez, remete novamente às formas fundamentais de compra, venda, troca, comércio e tráfico.

---

5. A palavra para "culpa" e "dívida" é a mesma em alemão: *Schuld*.

5.

No entanto, como cabe esperar de antemão depois das observações anteriores, ter presente essas relações contratuais desperta várias suspeitas e resistências em relação à humanidade mais antiga que as criou ou permitiu. Justamente aqui *se promete*; justamente aqui se trata de *construir* uma memória naquele que promete; justamente aqui, pode-se suspeitar, haverá uma jazida de coisas duras, cruéis e desagradáveis. Para inspirar confiança quanto à sua promessa de pagar de volta, para dar uma garantia da seriedade e da sacralidade de sua promessa, para inculcar lá consigo em sua consciência o reembolso como dever, como obrigação, o devedor empenha ao credor no caso de não pagamento, por força de um contrato, algo que ele ainda "possui", sobre o que ainda tem poder, como por exemplo seu corpo ou sua mulher ou sua liberdade ou mesmo sua vida (ou, sob determinados pressupostos religiosos, inclusive sua bem-aventurança, a salvação de sua alma, por fim até a paz no túmulo: era o que acontecia no Egito, onde o cadáver do devedor, mesmo na sepultura, não encontrava descanso frente ao credor – descanso que, justamente entre os egípcios, era de fato importante). Mas, sobretudo, o credor podia infligir ao corpo do devedor todo tipo de afronta e tortura, como, por exemplo, cortar dele o que parecesse apropriado ao tamanho da dívida: – e, desse ponto de vista, existiram desde cedo e em todo lugar avaliações precisas, que em parte iam horrendamente até os mais ínfimos pormenores, avaliações de cada membro e parte do corpo fundadas *no direito*. Considero já como progresso, como prova de uma concepção de direito mais livre, *mais romana*, que fazia cálculos maiores, o fato de a legislação das doze tábuas, promulgada por Roma, ter decretado que era indiferente o muito ou pouco que os credores cortassem em tal caso, "*si plus minusve secuerunt, ne fraude esto*"[6]. Tornemo-nos clara a lógica de toda essa forma de compensação: ela é bastante estranha. A equivalência é dada com o fato de conceder-se ao credor, em lugar de uma vantagem direta pelo dano (ou seja, em lugar de uma compensação em dinheiro, terras ou posses de qualquer tipo), uma espécie de *sensação de bem-estar* como pagamento e compensação – a sensação de exercer seu poder de maneira inescrupulosa sobre alguém desprovido de poder, a volúpia "*de faire le mal pour le plaisir de le faire*"[7], o gozo na violação: gozo tão mais apreciado quanto mais baixa e mais ínfima for a posição do credor na ordem da sociedade, e que facilmente pode lhe parecer um bocado dos mais deliciosos, até mesmo o antegosto de estar numa categoria mais elevada. Mediante a "punição" do devedor, o credor toma parte em um *direito senhoril*: finalmente também ele tem acesso ao sentimento exaltador de poder desprezar e maltratar um ser como "abaixo de si" – ou, pelo menos, no caso de a verdadeira força punitiva, a execução da pena, já ter passado à "autoridade", de *vê-lo* desprezado e maltratado. A compensação consiste portanto numa instituição da crueldade e num direito de praticá-la. –

6.

É *nesta* esfera, ou seja, no direito das obrigações, que o mundo conceitual moral da "culpa", da "consciência", do "dever" e da "sacralidade do dever" tem o seu foco de origem – seu início, como o início de todas as coisas

---

6. Cortar mais ou menos não é fraude.
7. Mais completamente: "Sabei também que não há nada mais comum que fazer o mal pelo prazer de fazê-lo" (Prosper Mérimée, *Lettres à une inconnue* [*Cartas a uma desconhecida*]. Paris, Michel Lévy Frères, 1874, vol. 1, p. 8).

grandes na Terra, foi regado farta e longamente com sangue. E não se poderia acrescentar que aquele mundo na verdade nunca perdeu de todo certo cheiro de sangue e tortura? (Nem mesmo no velho Kant: o imperativo categórico cheira a crueldade...) É neste âmbito, em todo caso, que aquela sinistra e talvez agora inseparável junção de ideias, "culpa e sofrimento", uniu-se pela primeira vez. Pergunto novamente: em que medida o sofrimento pode ser uma compensação para "dívidas"? Na medida em que *fazer* sofrer fazia bem num grau extremo, na medida em que a pessoa lesada trocava o prejuízo, incluindo o desprazer que ele provocava, por um contragozo extraordinário: o *fazer* sofrer – uma autêntica *festa*, algo que, como foi dito, tinha um valor tanto maior quanto mais contradizia a categoria e a posição social do credor. Digo isso hipoteticamente: pois é difícil ver o fundo de tais coisas subterrâneas, abstraindo-se o fato de ser penoso; e quem mete aqui canhestramente de permeio o conceito de "vingança", antes encobre e obscurece a compreensão do que a facilita (– a própria vingança, afinal, reconduz justamente ao mesmo problema: "como é que fazer sofrer pode ser uma satisfação?"). Segundo me parece, repugna à delicadeza, ainda mais à tartufice dos animais domésticos mansos (quer dizer, dos homens modernos, quer dizer, nós), conceber com todas as suas forças até que ponto a *crueldade* constitui a grande alegria festiva da humanidade mais antiga, sendo inclusive um ingrediente misturado a quase todas as suas alegrias; por outro lado, de que modo ingênuo, de que modo inocente surge sua necessidade de crueldade, de que modo fundamental ela estabelece justamente a "maldade desinteressada" (ou, para falar com Espinosa, a *sympathia malevolens*[8]) como uma qualidade *normal* do homem –: portanto, como algo

---

8. Simpatia malevolente. Baruch Espinosa (1632-1677): filósofo holandês.

a que a consciência diz *sim* resolutamente! Para um olhar mais profundo, talvez mesmo agora ainda houvesse bastante para observar dessas alegrias festivas mais antigas e mais fundamentais do homem; em *Além do bem e do mal*, aforismo 229 (anteriormente já em *Aurora*, aforismos 18, 77 e 113), apontei com dedo cauteloso a espiritualização e a "divinização" cada vez maiores da crueldade, que perpassa toda a história da cultura superior (e, tomada num sentido significativo, inclusive a constitui). Em todo caso, não faz tanto tempo assim que não se conseguia imaginar casamentos principescos e festas populares em grande estilo sem execuções, torturas ou quem sabe um auto de fé; da mesma forma, nenhuma casa nobre sem seres em quem as pessoas pudessem descarregar sem escrúpulos sua maldade e sua cruel zombaria (– recorde-se, por exemplo, Dom Quixote na corte da duquesa[9]: hoje lemos todo o *Dom Quixote* com um travo amargo na língua, quase uma tortura, e com isso seríamos bastante estranhos, bastante obscuros para o seu autor e para os contemporâneos deste – eles o liam, com a melhor das consciências, como o mais jovial dos livros, quase morriam de rir com ele). Ver sofrer faz bem, fazer sofrer faz ainda mais – essa é uma tese dura, mas é uma tese capital antiga, poderosa e humana, demasiado humana, que, aliás, mesmo os macacos talvez já subscrevessem: pois se conta que no engendramento de crueldades bizarras eles já anunciam largamente o homem e, por assim dizer, o "preludiam". Sem crueldade, nada de festa: é o que ensina a mais antiga, a mais longa história do homem – e mesmo na punição há tantas *coisas festivas!* –

7.

– Com esses pensamentos, seja dito de passagem, não pretendo de forma alguma dar aos nossos pessimistas

---

9. Cervantes, *Dom Quixote*, Segunda parte, cap. 30-57.

água nova para seus moinhos dissonantes e rangentes do fastio de viver; pelo contrário, cabe atestar expressamente que naquela época em que a humanidade ainda não se envergonhava de sua crueldade, a vida na Terra era mais jovial do que agora quando existem pessimistas. O ensombrecimento do céu sobre o homem sempre aumentou na mesma proporção em que cresceu a vergonha que o homem sente *do homem*. O olhar pessimista e cansado, a desconfiança em relação ao enigma da vida, o gélido *não* do nojo da vida – esses não são os emblemas das épocas *mais maldosas* do gênero humano: eles somente saem à luz, como plantas palustres que são, quando se forma o pântano que lhes corresponde – refiro-me ao amolecimento e à moralização doentios graças aos quais o bicho "homem" por fim aprende a se envergonhar de todos os seus instintos. No caminho que leva ao "anjo" (para não usar aqui uma palavra mais dura), o homem obteve aquele estômago arruinado e aquela língua saburrenta devido aos quais não apenas a alegria e a inocência do animal se lhe tornaram repugnantes, mas a própria vida se lhe tornou insípida: – de maneira que por vezes ele fica diante de si mesmo com o nariz tapado e, com o papa Inocêncio III, faz de modo reprovador o catálogo de suas repugnâncias ("geração impura, alimentação asquerosa no ventre materno, inferioridade da substância a partir da qual o homem se desenvolve, fedor medonho, secreção de saliva, urina e fezes"[10]). Agora, quando o sofrimento sempre tem de desfilar em primeiro lugar entre os argumentos *contra* a existência, como o seu pior questionamento, fazemos bem em recordar as épocas

---

10. Esses itens não constituem propriamente uma citação, mas são o resumo muito sucinto feito pelo próprio Nietzsche da longa lista de misérias humanas reunidas e descritas pelo cardeal Lotário de Segni (1160-1216) na obra *De miseria humanae conditionis*, redigida em 1195, três anos antes de ascender ao papado sob o nome de Inocêncio III.

em que se julgava de modo inverso porque as pessoas não queriam se privar do *fazer* sofrer e viam nele um encanto de primeira categoria, uma verdadeira isca de sedução *à* vida. Talvez naquela época – diga-se isto para consolar os molengões – a dor não fosse tão dolorida quanto é hoje; pelo menos é o que poderá concluir um médico que cuidou de negros (estes tomados como representantes do homem pré-histórico –) em casos de graves inflamações internas que quase levam ao desespero o mais bem-organizado dos europeus; – nos negros, elas *não* produzem isso. (A curva da suscetibilidade humana à dor parece de fato descer extraordinária e quase subitamente tão logo se deixe para trás os dez mil ou dez milhões do topo da supercultura; e, pessoalmente, não duvido que, comparados a uma noite dolorosa de uma única mulherzinha histérica cultivada, os sofrimentos somados de todos os animais que até agora foram interrogados com o bisturi a fim de obter respostas científicas simplesmente não contem.) Talvez seja até lícito admitir a possibilidade de que mesmo aquele prazer na crueldade não precise ter sido propriamente extinto: ele apenas necessitaria, na medida em que hoje a dor dói mais, de certa sublimação e sutilização, ele precisaria se apresentar traduzido para o âmbito imaginativo e anímico, e enfeitado apenas com nomes tão insuspeitos que estes não gerassem qualquer desconfiança mesmo na consciência hipócrita mais delicada (a "compaixão trágica" é um desses nomes; outro é "*les nostalgies de la croix*"[11]). O que propriamente causa indignação contra o sofrimento não é o sofrimento em si, mas a ausência de sentido do sofrer: mas nem para o cristão, que introduziu nele, via interpretação, toda uma maquinaria secreta de salvação, nem para o homem ingênuo de épocas mais antigas, que conseguia interpretar todo sofrimento com vista a

---

11. As nostalgias da cruz.

espectadores ou a provocadores de sofrimento, existiu tal sofrimento *sem sentido*. Para que o sofrimento oculto, não descoberto, sem testemunhas, pudesse ser eliminado do mundo e honradamente negado, quase se foi obrigado naquela época a inventar deuses e seres intermediários em cada altura e cada profundidade, em suma, algo que também vagueia às escondidas, que também vê no escuro e que não se deixa privar facilmente de um interessante espetáculo doloroso. Pois com a ajuda de tais invenções, a vida sabia, naquela época, usar o truque que sempre usou para se justificar, para justificar seu "mal"; agora talvez precisasse para isso de outras invenções auxiliares (por exemplo, a vida como enigma, a vida como problema para o conhecimento). "Está justificado todo mal cuja visão dá prazer a um deus": esta era a lógica pré-histórica do sentimento – e, realmente, foi apenas a pré-histórica? Os deuses imaginados como amigos de espetáculos cruéis – oh, como essa representação arquiantiga vai longe, mesmo em nossa humanização europeia! Poderíamos, por exemplo, pedir o conselho de Calvino e Lutero a respeito. Em todo caso, é certo que mesmo os *gregos* não sabiam oferecer a seus deuses um acompanhamento mais agradável para sua felicidade que as alegrias da crueldade. Com que olhos acreditais que Homero fez os seus deuses olharem os destinos dos homens? Que sentido último tinham no fundo guerras troianas e horrores trágicos semelhantes? Não se pode duvidar disso de forma alguma: eles foram imaginados como *festivais* para os deuses: e, na medida em que nisto o poeta era mais "divinamente" constituído que o restante dos homens, decerto também como festivais para os poetas... Mais tarde, de maneira idêntica, os filósofos morais da Grécia imaginaram que os olhos de Deus ainda se dirigiam à luta moral, ao heroísmo e à autoflagelação do virtuoso: o "Hércules do dever" estava num palco, e também sabia disso; a virtude sem testemunhas era algo inteiramente impensável para esse povo de atores. Aquela invenção de filósofos tão ousada, tão fatídica, que naquela época foi feita pela primeira vez na Europa, a do "livre--arbítrio", da absoluta espontaneidade do homem no bem e no mal, não teria ela sido feita sobretudo para criar o direito à ideia de que o interesse dos deuses pelo homem, pela virtude humana, *jamais pudesse se esgotar*? Nesse palco da Terra nunca deveriam faltar coisas realmente novas, tensões, complicações e catástrofes realmente inauditas: um mundo imaginado de maneira perfeitamente determinista teria sido adivinhável para os deuses e, por conseguinte, em breve também cansativo – razão suficiente para que esses *amigos dos deuses*, os filósofos, não exigissem de seus deuses um tal mundo determinista! Toda a humanidade antiga é cheia de delicadas considerações pelo "espectador", pois é um mundo público por essência, um mundo que salta à vista por essência, que não conseguia imaginar a felicidade sem espetáculos e festas. – E, como já foi dito, mesmo nas grandes *punições* há tantas coisas festivas!...

8.

O sentimento de culpa, de obrigação pessoal, para retomar o curso de nossa investigação, teve sua origem, como vimos, na mais antiga e mais primordial relação entre pessoas que existe, na relação entre comprador e vendedor, credor e devedor: nela, pela primeira vez, uma pessoa se colocou diante da outra; nela, pela primeira vez, uma pessoa *se mediu* com a outra. Ainda não se encontrou um grau de civilização tão baixo em que já não se notasse algo dessas relações. Estipular preços, medir valores, imaginar e trocar equivalentes – isso preocupou em tal medida o primeiríssimo pensamento do homem que, em certo sentido, isso é *o* pensamento: foi aí que se criou o tipo mais antigo de argúcia, é aí que caberia igualmente buscar os primórdios do orgulho humano, de seu sentimento de primazia em relação aos outros bichos. Talvez a nossa palavra "*Mensch*"[12] (*manas*[13]) ainda expresse precisamente algo *dessa* altivez: o homem se designou como o ser que mede valores, que valora e mede, como o "animal avaliador em si". A compra e a venda, junto com os seus acessórios psicológicos, são mais antigos do que os próprios começos de quaisquer formas de organização social e quaisquer associações: da forma mais rudimentar do direito pessoal, o sentimento germinante da troca, do contrato, da dívida, do direito, da obrigação e da compensação se *transferiu*, isto sim, aos complexos comunitários mais grosseiros e mais primordiais (em sua relação com complexos semelhantes), juntamente com o hábito de comparar poder com poder, de medi-los e calculá-los. Afinal, o olho estava ajustado para essa perspectiva: e com aquela coerência tosca, própria do pensamento da humanidade mais antiga, um pensamento difícil de pôr em movimento, mas que então segue em frente de maneira implacável na mesma direção, logo se chegou à grande generalização de que "toda coisa tem seu preço; *tudo* pode ser pago" – o cânone moral mais antigo e mais ingênuo da *justiça*, o começo de toda "bondade", de toda "equidade", de toda "boa vontade", de toda "objetividade" na Terra. Neste primeiro estágio, a justiça é a boa vontade, entre homens dotados aproximadamente do mesmo poder, de chegar a um acordo, de voltar a se "entender" mediante um arranjo – e, em relação a homens menos poderosos, de *forçá-los* a chegar a um arranjo. –

---

12. Homem.

13. Em sânscrito: mente, espírito, sentido interior; o homem enquanto ser pensante.

9.

Medindo sempre com a medida da pré-história (pré-história que, aliás, está presente ou é novamente possível em todas as épocas): a comunidade também se encontra para com os seus membros naquela importante relação básica, a do credor com os seus devedores. As pessoas vivem numa comunidade, gozam das vantagens de uma comunidade (oh, que vantagens!, hoje subestimamos isso às vezes), moram protegidas, poupadas, em paz e confiança, despreocupadas quanto a certos prejuízos e hostilidades aos quais o homem *fora* dela, o "sem paz"[14], se expõe – um alemão entende o que "*Elend*"[15] quer originalmente dizer –, tal como se empenharam e se obrigaram para com a comunidade precisamente com vista a esses prejuízos e hostilidades. O que acontecerá *no outro caso?* A comunidade, o credor enganado, cobrará o mais caro possível, com isso podemos contar. Trata-se aqui menos do dano imediato que o lesador produziu: ainda não o levando em conta, o criminoso é sobretudo um "quebrador"[16], alguém que quebra o contrato e a palavra dada *contra o todo* no que diz respeito à totalidade dos bens e confortos da vida comunitária, dos quais até então tomou parte. O criminoso é um devedor que não só não paga de volta as vantagens e empréstimos que lhe foram concedidos como até atenta contra o seu credor: por isso, como é justo, ele não só perde a partir desse momento todos esses bens e vantagens – ele é, antes, lembrado então *da importância desses bens.* A ira do credor lesado, da comunidade, devolve-o ao estado

---

14. Tradução literal de *Friedlose*, "desterrado, proscrito, banido".

15. Desgraça, miséria, calamidade, infortúnio. Em alto-alemão médio *ellende*, em alto-alemão antigo *elilenti*, "outra terra", "exílio".

16. Criminoso/quebrador: em alemão, *Verbrecher/Brecher.*

selvagem e fora da lei do qual até então estivera protegido: ela o expulsa de si – e agora todo tipo de hostilidade pode se descarregar sobre ele. Nesse estágio da civilização, a "punição" é simplesmente a cópia, o *mimo*[17] do comportamento normal em relação ao inimigo odiado, tornado inofensivo e derrotado, que não só perdeu todo direito e proteção, mas também toda graça; ou seja, o direito de guerra e a festa da vitória do *vae victis!*[18] em toda a sua implacabilidade e crueldade: – donde se explica que a própria guerra (incluindo o culto sacrificial guerreiro) tenha produzido todas as *formas* sob as quais a punição aparece na história.

10.

Ao consolidar o seu poder, uma comunidade não leva mais tão a sério as transgressões do indivíduo, pois não pode mais considerá-las perigosas e subversivas na mesma medida de antes para a existência do todo: o malfeitor não é mais "deixado sem paz" e excluído, a ira geral não pode mais se descarregar sobre ele da mesma maneira desenfreada de antes – a partir de então, o malfeitor é antes defendido e protegido cautelosamente pelo todo contra essa ira, em especial a das pessoas diretamente lesadas. O compromisso com a ira das pessoas afetadas de modo imediato pelo delito; um esforço para delimitar o caso e evitar uma participação e uma inquietação maiores ou até mesmo gerais; tentativas para encontrar equivalentes e dar um fim a toda disputa (a *compositio*); sobretudo, a vontade, que surge com determinação cada vez maior, de considerar

---

17. Farsa popular do antigo teatro greco-romano, na maioria das vezes grosseira e indecente, sem máscaras, acompanhada por danças e música de flauta, na qual se imitavam costumes e caracteres.

18. "Ai dos vencidos!", exclamação do rei gálico Breno após sua vitória sobre os romanos em 387 a.C.

toda transgressão como *pagável* em algum sentido, ou seja, pelo menos até certo ponto, *isolar* um do outro o criminoso e sua ação – esses são os traços estampados com nitidez cada vez maior no desenvolvimento posterior do direito penal. Se o poder e a autoconfiança de uma comunidade crescem, atenua-se também o direito penal; qualquer enfraquecimento e mais profunda ameaça a ela trazem novamente à luz as formas mais duras desse direito. O "credor" se tornou cada vez mais humano à medida que se tornou mais rico; por fim, o quanto de prejuízo ele pode suportar sem padecer com isso é inclusive a *medida* de sua riqueza. Não seria impensável uma *consciência de força* da sociedade em que ela pudesse se conceder o mais nobre luxo que existe para ela – deixar seus lesadores *impunes*. "Que me importam realmente os meus parasitas?" – poderia ela então perguntar. "Que vivam e prosperem: ainda sou forte o bastante para isso!"... A justiça que começou afirmando que "tudo é pagável, tudo deve ser pago", termina por fazer vista grossa e deixar o inadimplente em liberdade – ela termina, como todas as coisas boas na Terra, *por suprimir a si mesma*. Essa autossupressão da justiça: sabe-se com que belo nome ela se denomina – *graça*; ela permanece sendo, como é óbvio, a prerrogativa do mais poderoso, melhor ainda, o seu além do direito.[19]

11.

– E aqui algumas palavras de recusa contra tentativas surgidas recentemente de buscar a origem da justiça num solo totalmente diferente – a saber, no solo do ressentimento. Antes disso, diga-se ao ouvido dos psicólogos, supondo que tenham vontade de alguma vez

---

19. Em alemão, jogo de palavras entre "prerrogativa" (*Vorrecht*) e "além do direito" (*Jenseits des Rechts*).

estudar o ressentimento de perto por conta própria: essa planta floresce agora mais belamente entre anarquistas e antissemitas, e, aliás, como sempre floresceu, às escondidas, como a violeta, ainda que com outro odor. E como cada qual só pode gerar o seu igual, não surpreenderá ver que justamente tais círculos empreendam tentativas, como já foram feitas muitas vezes – ver acima, "Primeira dissertação", seção 14 –, de sacralizar a *vingança* sob o nome de *justiça* – como se no fundo a justiça fosse apenas um desenvolvimento do sentimento de ser ferido – e, com a vingança, ajudar os afetos *reativos* em geral e em conjunto a obter uma boa reputação *a posteriori*. Esse último ponto mesmo é o que menos me escandalizaria: ele me pareceria inclusive um *mérito* em vista de todo o problema biológico (com relação ao qual o valor daqueles afetos foi até agora subestimado). Só chamo a atenção para a circunstância de que essa nova nuance de equidade científica (em favor do ódio, do ciúme, da inveja, da suspeita, do rancor, da vingança) cresça a partir do próprio espírito do ressentimento. Pois essa "equidade científica" se detém de imediato e dá lugar a ênfases de hostilidade e parcialidade mortais tão logo se trate de outro grupo de afetos, que, segundo me parece, são de um valor biológico ainda muito maior do que aqueles reativos, e que, por conseguinte, mereceriam muito mais ser avaliados e estimados *cientificamente*: a saber, os afetos propriamente *ativos*, como a ânsia de domínio, a cobiça e que tais. (E. Dühring[20], *O valor da vida*; *Curso de filosofia*; no fundo, por toda a sua obra.) É que o basta contra essa tendência em geral: porém, quanto à tese particular de Dühring de que caberia buscar a pátria da justiça no solo do sentimento reativo, é preciso contrapor-lhe numa inversão brusca, por amor à verdade, esta outra:

---

20. Eugen Dühring (1833-1921): filósofo alemão.

o *último* solo a ser conquistado pelo espírito da justiça é o solo do sentimento reativo! Quando realmente ocorre que o homem justo se mantém justo inclusive em relação a seus lesadores (e não apenas frio, comedido, alheio, indiferente: ser justo é sempre um comportamento *positivo*), quando mesmo sob o assalto da ofensa, do escárnio e da suspeição pessoais a objetividade elevada, lúcida, tão profunda quanto indulgente, do olho justo, *julgador*, não se turva, bem, então isso é um fragmento de perfeição e suprema mestria sobre a Terra – algo que inclusive, prudentemente, não se deveria esperar aqui, algo em que, em todo caso, não se deveria *acreditar* tão facilmente. Em média, é certo que mesmo para as pessoas mais íntegras já basta uma pequena dose de ataque, de maldade, de insinuação, para encher seus olhos de sangue e *expulsar* deles a equidade. O homem ativo, que ataca e se apodera, continua cem passos mais próximo da justiça do que o reativo; pois ele não necessita, de forma alguma, avaliar seu objeto falsa e parcialmente da maneira como faz e tem de fazer o homem reativo. É por isso que em todas as épocas o homem agressivo, sendo o mais forte, o mais corajoso, o mais nobre, também teve de fato o olho *mais livre*, a *melhor* consciência do seu lado: inversamente, já se adivinha quem afinal tem na consciência a invenção da "má consciência" – o homem do ressentimento! Por fim, lancemos um olhar em torno na história: em que esfera foram nativos até agora sobre a Terra todo o manejo do direito e também a verdadeira necessidade do direito? Talvez na esfera dos homens reativos? De forma alguma: antes na dos ativos, fortes, espontâneos, agressivos. Considerado historicamente, o direito representa na Terra – seja isto dito para desgosto do mencionado agitador (que, certa vez, confessou ele próprio a seu respeito: "a doutrina da vingança, sob a forma do fio vermelho da justiça, estendeu-se ao longo de todos os meus trabalhos e esforços"[21]) – justamente a luta *contra* os sentimentos reativos, a guerra com eles por parte de potências ativas e agressivas, que empregaram sua força em parte para impor limite e moderação aos excessos do *pathos* reativo e obter um acordo à força. Por toda parte em que a justiça é praticada, é mantida, vê-se um poder mais forte buscar por meios, em relação aos mais fracos a ele subordinados (sejam grupos, sejam indivíduos), de dar um fim, entre estes, à absurda fúria do ressentimento, em parte ao arrancar o objeto do ressentimento das mãos da vingança, em parte ao colocar no lugar da vingança, por sua vez, a luta contra os inimigos da paz e da ordem, em parte ao inventar e propor acordos, às vezes impô-los, em parte ao elevar à categoria de norma certos equivalentes para prejuízos e à qual o ressentimento é dirigido a partir de então de uma vez por todas. Porém, o mais decisivo que o poder supremo faz e impõe contra a preponderância das antipatias e dos ressentimentos – ele o faz sempre, tão logo seja de algum modo forte o bastante para isso – é a instauração da *lei*, a declaração imperativa sobre o que, a seus olhos, será considerado permitido, justo, e sobre o que será considerado proibido, injusto: ao tratar, após a instauração da lei, as transgressões e os atos arbitrários de indivíduos ou de grupos inteiros como atentado à lei, e até como rebelião contra o poder supremo, ele desvia o sentimento de seus subalternos do dano mais imediato produzido por tal atentado, alcançando com isso, a longo prazo, o contrário do que quer toda vingança, que vê apenas, que considera apenas o ponto de vista do lesado –: a partir de então, o olho será treinado para uma avaliação cada vez *mais impessoal* do ato, inclusive o olho da própria

---

21. Dühring, *Sache, Leben und Feinde* [*Causa, vida e inimigos*]. Karlsruhe und Leipzig, H. Reuther, 1882, p. 283.

pessoa lesada (embora isso seja a última de todas as coisas, como observado anteriormente). – Logo, só existem "justiça" e "injustiça" a partir da instauração da lei (e *não*, como quer Dühring, a partir do ato da ofensa). Falar de justiça e de injustiça *em si* carece de todo sentido; uma ofensa, uma violação, uma exploração, uma aniquilação naturalmente não podem ser *em si* algo "injusto", na medida em que a vida atua *essencialmente*, a saber, em suas funções básicas, de modo ofensivo, violador, explorador, aniquilador e sequer pode ser imaginada sem esse caráter. É preciso até confessar a si mesmo algo ainda mais problemático: que, do ponto de vista biológico mais elevado, os estados de direito podem sempre ser apenas *estados de exceção*, como restrições parciais da autêntica vontade de vida, que está em busca de poder e os subordina a seus fins gerais como meios específicos: a saber, como meios para criar unidades de poder *maiores*. Uma ordem legal pensada soberana e universalmente não como meio na luta de complexos de poder, e sim como meio *contra* toda luta em geral, mais ou menos conforme o estereótipo comunista de Dühring, segundo o qual cada vontade deve tomar todas as outras como iguais, seria um princípio *hostil à vida*, seria uma ordem legal destruidora e desagregadora do homem, um atentado ao futuro do homem, um sinal de cansaço, um atalho para o nada. –

12.

E agora, mais algumas palavras sobre a origem e o fim da punição – dois problemas distintos, ou que deveriam sê-lo: infelizmente, costuma-se considerá-los uma coisa só. O que fazem nesse caso os genealogistas da moral que tivemos até hoje? Eles agem de maneira ingênua, como sempre fizeram –: descobrem um "fim" qualquer na punição, como por exemplo a vingança ou a intimidação, então colocam candidamente esse fim no início, como *causa fiendi*[22] da punição, e – estão prontos. Mas o "fim no direito" é a última das coisas para se utilizar na história da origem do direito: não há, para qualquer tipo de história, tese alguma mais importante do que a tese, alcançada com tamanho esforço, mas que também *deveria ter sido* realmente alcançada – a saber, a tese de que a causa da origem de uma coisa e sua utilidade final, sua efetiva utilização e inserção num sistema de fins, encontram-se *toto coelo*[23] separadas; de que algo existente, surgido de alguma maneira, será repetidamente interpretado sob novas perspectivas, requisitado novamente, reconfigurado e redirecionado para uma nova utilidade por um poder que lhe é superior; de que todo o acontecer no mundo orgânico é um *sobrepujar*, um *assenhorear-se*, e que, por sua vez, todo sobrepujar e assenhorear-se é uma nova interpretação, uma arrumação pela qual o "sentido" e o "fim" até então existentes devem necessariamente se obscurecer ou ser inteiramente apagados. Quando se compreendeu bem a *utilidade* de um órgão fisiológico qualquer (ou então de uma instituição legal, um costume social, um uso político, uma forma nas artes ou no culto religioso), ainda nada se compreendeu com isso em relação a sua origem: por mais incômodo e desagradável que isso possa soar a ouvidos mais antigos – pois desde sempre se acreditou compreender no fim demonstrável, na utilidade de uma coisa, de uma forma, de uma instituição, também a razão de sua origem, que o olho foi feito para ver e a mão foi feita para pegar. Foi dessa maneira que também se imaginou que a punição foi inventada para punir. Mas todos os fins, todas as utilidades, são apenas *indícios* de que uma vontade de poder se assenhoreou de algo menos poderoso e lhe imprimiu, a partir de si mesma, o sentido de uma função;

---

22. Causa da criação.
23. Completamente.

e toda a história de uma "coisa", de um órgão, de um uso, pode, dessa forma, ser uma cadeia contínua de sinais de interpretações e arrumações sempre novas, cujas próprias causas não precisam estar em conexão entre si, antes, às vezes, se sucedem e se substituem de modo meramente casual umas às outras. Sendo assim, o "desenvolvimento" de uma coisa, de um uso, de um órgão, não é de forma alguma o seu *progressus* em direção a uma meta, muito menos um *progressus* lógico e brevíssimo, alcançado com o mínimo gasto de energia e custos – e sim a sequência de processos de sobrepujamento mais ou menos profundos, mais ou menos independentes um do outro, que nele transcorrem, junto com as resistências aplicadas contra ele a cada vez, as mudanças de forma tentadas com fins de defesa e reação, também os resultados de contra-ações bem-sucedidas. A forma é fluida, mas o "sentido" é ainda mais... Mesmo no interior de cada organismo individual não é diferente: com qualquer crescimento essencial do todo também se desloca o "sentido" dos órgãos individuais – por vezes, seu perecimento parcial, sua diminuição em número (por exemplo, pela aniquilação de membros intermediários) pode ser um sinal de força e perfeição crescentes. O que eu quis dizer foi isto: a *inutilização* parcial, a atrofia e degeneração, a perda de sentido e conveniência, em suma, a morte, também está entre as condições do *progressus* real: que sempre surge sob a forma de uma vontade e um caminho que leva a um *maior poder*, e que sempre se impõe à custa de inúmeros poderes menores. A grandeza de um "progresso" *mede-se* inclusive pela massa de tudo o que teve de lhe ser sacrificado; a humanidade, como massa, sacrificada ao prosperar de uma única espécie de homem *mais forte* – isto *seria* um progresso... – Destaco tanto mais esse ponto de vista capital de metodologia histórica porque, no fundo, ele se opõe aos instintos agora dominantes e ao gosto contemporâneo, que antes prefeririam harmonizar-se com a casualidade absoluta e até com o absurdo mecanicista de todo acontecer do que com a teoria de uma *vontade de poder* transcorrendo em todo acontecer. A idiossincrasia democrática contra tudo o que domina e quer dominar, o moderno *misarquismo*[24] (criando uma palavra ruim para uma coisa ruim), deslocou-se e disfarçou-se gradativamente em tal medida no âmbito intelectual, intelectualíssimo, que hoje ele já adentra, já *pode* adentrar, passo a passo nas ciências mais rigorosas, aparentemente mais objetivas; parece-me até que ele já se assenhoreou de toda a fisiologia e biologia, em detrimento delas, como é óbvio, ao escamotear-lhes um conceito fundamental, o da autêntica *atividade*. Em contrapartida, sob a pressão dessa idiossincrasia se coloca em primeiro plano a "adaptação", isto é, uma atividade de segunda categoria, uma mera reatividade, chegando-se até a definir a própria vida como uma adaptação interna, cada vez mais adequada, a circunstâncias externas (Herbert Spencer). Mas com isso não se compreende a essência da vida, sua *vontade de poder*; com isso se ignora a primazia fundamental das forças espontâneas, agressivas, apoderadoras, configuradoras, que fazem novas interpretações, dão novas direções, e cujo efeito só então é seguido pela "adaptação"; com isso se nega no próprio organismo o papel dominador dos funcionários mais elevados, nos quais a vontade de vida aparece de modo ativo e dando forma. Recorde-se a censura feita por Huxley[25] a Spencer – o seu "niilismo administrativo": mas o que está em questão é *mais* do que "administrar"...

---

24. Ódio/aversão/hostilidade ao poder/à autoridade.
25. Thomas Huxley (1825-1895): zoólogo e anatomista inglês. Ver "Administrative Nihilism", in *Critiques and Addresses* [*Críticas e discursos*]. London, Macmillan, 1873, p. 17-18.

13.

— Para voltar ao assunto, isto é, à *punição*, cabe portanto distinguir nela duas coisas: em primeiro lugar, o que há de relativamente *duradouro* nela, o uso, o ato, o "drama", uma certa sequência rigorosa de procedimentos; por outro lado, o que há de *fluido* nela, o sentido, o fim, a expectativa ligada à execução de tais procedimentos. Nisso se pressupõe sem mais nem menos, *per analogiam*[26], conforme o ponto de vista capital de metodologia histórica desenvolvido há pouco, que o procedimento mesmo é algo mais antigo, algo anterior à sua utilização para fins de punição, que esta última foi apenas *introduzida*, inserida mediante interpretação, no procedimento (existente há tempo, mas costumeiro em outro sentido), em suma, que as coisas *não* são como supuseram até agora os nossos ingênuos genealogistas da moral e do direito, que imaginavam todos que o procedimento fora *inventado* com um fim punitivo, da mesma forma que outrora se imaginava que a mão tivesse sido inventada para a finalidade de pegar. Bem, mas no que diz respeito àquele outro elemento da punição, o elemento fluido, o seu "sentido", num estado bastante tardio da cultura (por exemplo, na Europa atual) o conceito de "punição" não apresenta mais de fato qualquer sentido único, e sim toda uma síntese de "sentidos": a história da punição em geral transcorrida até hoje, a história de seu aproveitamento para os mais distintos fins, cristaliza-se por fim numa espécie de unidade que é difícil de dissolver, difícil de analisar e, o que é preciso destacar, completamente *indefinível*. (Hoje é difícil dizer com segurança *por que* exatamente se pune: todos os conceitos em que um processo inteiro se concentra semioticamente esquivam-se à definição; só é definível o que não tem história.) Num estágio anterior, em compensação,

---

26. Por analogia.

aquela síntese de "sentidos" ainda se mostra mais solúvel, também mais deslocável; pode-se ainda perceber como os elementos da síntese modificam sua valência em cada caso individual e se reordenam em consequência disso, de modo que ora um, ora outro elemento se destaca e domina à custa dos restantes, e até como às vezes um elemento (o fim da intimidação, por exemplo) parece abolir todos os restantes. Para dar pelo menos uma ideia de quão incerto, quão posterior, quão acidental é "o sentido" da punição, e de como um só e mesmo procedimento pode ser aproveitado, interpretado e arranjado com propósitos fundamentalmente diferentes, coloco aqui o esquema que eu mesmo obtive com base num material relativamente escasso e casual. Punição como maneira de tornar inofensivo, como impedimento de mais danos. Punição como pagamento do dano à pessoa lesada, sob uma forma qualquer (também sob a forma de uma compensação de afetos). Punição como isolamento de uma perturbação do equilíbrio a fim de impedir um alastramento desta. Punição como intimidação daqueles que a estipulam e executam. Punição como uma espécie de compensação pelas vantagens de que o criminoso gozou até então (por exemplo, quando ele é aproveitado como escravo nas minas). Punição como exclusão de um elemento degenerante (às vezes, de um ramo inteiro, conforme ocorre no direito chinês: portanto, como meio de manter a raça pura ou de conservar um tipo social). Punição como festa, isto é, como violação e escárnio de um inimigo finalmente derrotado. Punição como a criação de uma memória, seja para quem a sofre – a chamada "correção" –, seja para as testemunhas de sua execução. Punição como pagamento de um honorário, estipulado por parte do poder que protege o malfeitor dos excessos da vingança. Punição como compromisso com o estado natural da vingança, desde que este último ainda seja conservado e reivindicado como privilégio por estirpes poderosas. Punição como declaração de guerra e medida guerreira contra um inimigo da paz, da lei, da ordem e da autoridade, o qual, como alguém perigoso para a comunidade, como alguém que quebra os contratos relativos aos pressupostos desta, como um revoltoso, traidor e violador da paz, é combatido justamente com os meios proporcionados pela guerra. –

14.

Essa lista por certo não é completa; a punição evidentemente foi sobrecarregada com utilidades de todos os tipos. Tanto mais se pode excluir dela uma *suposta* utilidade, que na consciência popular, no entanto, é considerada a mais essencial – a crença na punição, que hoje vacila por várias razões, continua encontrando justamente nela o seu apoio mais enérgico. A punição teria o valor de despertar no culpado o *sentimento de culpa*, busca-se nela o verdadeiro *instrumentum* daquela reação psíquica que é chamada de "má consciência", de "remorso". Mas com isso, mesmo em relação ao tempo atual, viola-se a realidade e a psicologia: quanto mais em relação à história mais longa do homem, sua pré-história! O genuíno remorso é algo extremamente raro justo entre criminosos e presidiários; as prisões, as penitenciárias, *não* são os focos em que essa espécie de verme roedor[27] prefere se desenvolver: – nisso concordam todos os observadores conscienciosos, que em muitos casos emitem tal juízo com bastante desagrado e contra seus desejos mais pessoais. Numa estimativa geral, a punição endurece e esfria; ela concentra; ela agudiza o sentimento de alheação; ela fortalece a força de resistência.

---

27. Em alemão, "remorso" (ou "remordimento") é *Gewissensbiss*, termo que é uma tradução literal da expressão latina *morsus conscientiae* ("mordida da consciência"); daí Nietzsche também chamar o remorso de "verme roedor".

Quando ela consegue quebrantar a energia e produzir uma deplorável prostração e auto-humilhação, tal resultado por certo é ainda menos reconfortante do que o efeito médio da punição: este se caracteriza por uma seriedade seca e sombria. Mas se pensarmos talvez naqueles milênios que *precederam* a história do homem, pode-se julgar sem hesitar que o desenvolvimento do sentimento de culpa foi *detido* da maneira mais enérgica justamente pela punição – pelo menos com vista às vítimas sobre quem se descarregava a violência punidora. Pois não devemos subestimar em que medida o criminoso, justamente pela visão dos procedimentos judiciais e executivos, é mesmo impedido de sentir seu ato, o gênero de seu ato, como reprovável *em si*: pois ele vê exatamente o mesmo gênero de ações ser praticado a serviço da justiça e então aprovado, ser praticado com boa consciência: ou seja, espionagem, trapaça, suborno, armadilhas, toda a arte complicada e astuciosa dos policiais e promotores, bem como o roubo, a subjugação, a calúnia, a prisão, a tortura e o assassinato praticados por princípio e não desculpados sequer pelo afeto, tal como se manifestam nos diferentes tipos de punição – todas elas, portanto, ações que não são de forma alguma repudiadas e condenadas *em si* pelos seus juízes, mas apenas em certo aspecto e aplicação. A "má consciência", a planta mais sinistra e mais interessante de nossa vegetação terrena, *não* cresceu nesse solo – na realidade, durante o mais longo tempo não se expressou na consciência dos próprios juízes e punidores *nada* sobre o fato de se estar lidando com um "culpado". E sim com um causador de danos, com um pedaço irresponsável de fatalidade. E mesmo aquele sobre quem a punição recaía depois, mais uma vez como um pedaço de fatalidade, não tinha nisso qualquer outro "tormento interior" do que teria devido à ocorrência súbita de algo imprevisto, de um terrível evento natural, de um bloco de rocha esmagador que se despenhasse e contra o qual não há mais luta.

15.

Isso chegou certa vez à consciência de Espinosa de um modo capcioso (para desgosto de seus intérpretes, que se *esforçam* a valer para entendê-lo mal nesse trecho, como, por exemplo, Kuno Fischer[28]), quando, certa tarde, irritado sabe-se lá com que lembrança, passou a se ocupar da questão de saber o que propriamente lhe restara do famoso *morsus conscientiae*[29] – ele, que relegara o bem e o mal às ilusões humanas e defendera furiosamente a honra de seu deus "livre" daqueles blasfemadores que afirmavam que Deus fazia tudo *sub ratione boni*[30] ("mas isso significaria submeter Deus ao destino, e seria realmente o maior de todos os absurdos"[31] –). Para Espinosa, o mundo havia retornado àquela inocência em que existira antes da invenção da má consciência: o que fora feito com isso do *morsus conscientiae*? "O oposto do *gaudium*[32]", disse ele por fim a si mesmo – "uma tristeza acompanhada da ideia de uma coisa passada que, contra toda a expectativa, não se realizou" (*Ética* III, proposição XVIII, escólios I e II). Os malfeitores atingidos pela punição *não diferem de Espinosa* no que sentiram durante milênios quanto ao seu "delito": "algo deu inesperadamente errado aqui", e *não*: "eu não deveria ter feito isso" – eles se submetiam à punição como nos submetemos a uma doença, ou a uma desgraça ou à morte, com aquele fatalismo intrépido sem revolta com o qual ainda hoje os russos, por exemplo, estão em vantagem frente a nós, ocidentais, no manejo da vida. Se outrora havia uma crítica do ato, era a prudência que o criticava: sem dúvida, temos de buscar o verdadeiro *efeito* da pu-

---

28. Kuno Fischer (1824-1907): historiador da filosofia alemão.
29. Mordida da consciência, remorso.
30. Em razão do bem.
31. Espinosa, *Ética* I, proposição XXXIII, escólio II.
32. Alegria, contentamento.

nição sobretudo num aguçamento da prudência, numa expansão da memória, numa vontade de, daí por diante, colocar mãos à obra com mais cautela, mais desconfiança, mais secretamente, na compreensão de que de uma vez por todas se é muito fraco para muita coisa, numa espécie de melhora do autojulgamento. O que pode ser alcançado em geral pela punição, no caso de seres humanos e animais, é o aumento do medo, o aguçamento da prudência, o domínio dos apetites: com isso a punição *amansa* o homem, mas não o torna "melhor" – poderíamos, com ainda mais razão, afirmar o contrário. ("O dano torna prudente", diz o povo: até onde torna prudente, também torna ruim. Felizmente, com bastante frequência ele torna estúpido.)

16.

Neste ponto, não posso mais esquivar-me de auxiliar minha própria hipótese sobre a origem da "má consciência" a obter uma expressão inicial e provisória: não é fácil apresentá-la, e ela precisa ser ponderada, considerada durante o dia e meditada durante a noite no travesseiro por longo tempo. Considero a má consciência como o profundo adoecimento ao qual o homem teve de sucumbir sob a pressão da mais radical de todas as mudanças que ele vivenciou – aquela mudança sucedida quando ele se viu finalmente encerrado no âmbito da sociedade e da paz. O que deve ter acontecido com os animais aquáticos quando foram obrigados a se tornar animais terrestres ou perecer não foi diferente do que aconteceu a esses semianimais adaptados de maneira feliz à selva, à guerra, às andanças, à aventura – num só golpe, todos os seus instintos foram desvalorizados e "suspensos". A partir de então, deveriam andar sobre os pés e "carregar a si mesmos", quando, até aquele momento, eram carregados pela água: um peso terrível se achava sobre eles. Sentiam-se desajeitados nas funções mais simples, não tinham mais, para esse novo mundo desconhecido, os seus velhos guias, os impulsos reguladores que guiam inconscientemente com segurança – eles foram reduzidos a pensar, deduzir, calcular e combinar causas e efeitos, esses infelizes, à sua "consciência", a seu órgão mais pobre e mais sujeito a enganos! Acredito que jamais na Terra existiu semelhante sentimento de miséria, semelhante mal-estar plúmbeo – e nisso, aqueles velhos instintos não cessaram num só golpe de fazer suas exigências! Apenas era difícil e raramente possível fazer suas vontades: no essencial, eles tiveram de buscar satisfações novas e, por assim dizer, subterrâneas. Todos os instintos que não se descarregam para fora *se voltam para dentro* – isso é o que chamo de *interiorização* do homem: é somente assim que cresce no homem o que mais tarde chamamos de sua "alma". Todo o mundo interior, originalmente fino como se estivesse preso entre duas membranas, cresceu e inflou, ganhou profundidade, largura e altura na medida em que a descarga do homem para fora foi *bloqueada*. Aqueles terríveis baluartes com que a organização estatal se protegia contra os velhos instintos da liberdade – as punições, sobretudo, estão entre esses baluartes – fizeram com que todos aqueles instintos do homem selvagem, livre e errante se voltassem para trás, *contra o próprio homem*. A hostilidade, a crueldade, o prazer de perseguir, atacar, mudar, destruir – tudo isso se voltando contra os possuidores de tais instintos: *essa* é a origem da "má consciência". O homem que, por falta de resistências e inimigos externos, espremido numa opressora estreiteza e regularidade do costume, dilacerava, perseguia, roía, amedrontava e maltratava a si próprio impacientemente, esse animal que se quer "amansar" e que se batia contra as grades de sua jaula até se ferir, essa criatura necessitada e consumida pela nostalgia do deserto, que teve de fazer de si mesma uma aventura, um lugar de tortura, uma selva insegura e perigosa – esse louco, esse prisioneiro sequioso e desesperado, tornou-se o inventor da "má consciência". Mas com ela teve início o maior e mais sinistro adoecimento, do qual a humanidade até hoje não se recuperou, o sofrimento do ser humano *com o ser humano, consigo mesmo*: como a consequência de uma separação violenta do passado animal, de um salto e uma queda, por assim dizer, em novas situações e condições de existência, de uma declaração de guerra aos antigos instintos, nos quais se apoiava até então sua força, seu prazer e sua terribilidade. Acrescentemos logo que, por outro lado, com o fato de uma alma animal voltada contra si mesma, tomando partido contra si mesma, surgira na Terra algo tão novo, profundo, inaudito, enigmático, contraditório *e pleno de futuro* que com ele o aspecto da Terra se modificou de maneira essencial. De fato, seriam necessários espectadores divinos para apreciar o espetáculo que com isso teve início e cujo fim ainda não se pode de forma alguma prever – um espetáculo sutil demais, magnífico demais, paradoxal demais para que pudesse transcorrer absurda e despercebidamente num astro ridículo qualquer! Desde então, o homem *conta* entre os mais inesperados e mais emocionantes lances de sorte feitos pela "grande criança" de Heráclito[33], quer ela se chame Zeus ou acaso – ele desperta um interesse por si, uma tensão, uma esperança, quase uma certeza, como se com ele se anunciasse algo, se preparasse algo, como se o homem não fosse uma meta, e sim apenas um caminho, um incidente, uma ponte, uma grande promessa...

17.

Entre os pressupostos dessa hipótese sobre a origem da má consciência se encontra, em primeiro lugar, o de que aquela modificação não tenha sido gradual, volun-

---

33. Heráclito (c. 540-475 a.C.): filósofo pré-socrático. A "grande criança" é uma referência a um de seus fragmentos (nº 52).

tária e não tenha se apresentado como um crescimento orgânico em novas condições, e sim como uma ruptura, um salto, uma coação, uma fatalidade imperiosa contra a qual não houve luta e nem sequer um ressentimento. Em segundo lugar, porém, o de que a inserção de uma população até então livre de entraves e informe numa forma sólida, começada com um ato de violência, só foi consumada com atos de violência – o de que o "Estado" mais antigo, em consequência, entrou em cena e seguiu trabalhando como uma terrível tirania, como uma maquinaria esmagadora e implacável, até que tal matéria-prima de povo e semianimal estivesse finalmente não apenas bem amassada e maleável, mas também *dotada de forma*. Usei a palavra "Estado": está claro a quem me refiro – a uma horda qualquer de animais de rapina louros, a uma raça de conquistadores e senhores que, organizada guerreiramente e dotada da força de organizar, coloca sem hesitar as suas terríveis patas sobre uma população, talvez imensamente superior em número, mas ainda desprovida de forma, ainda errante. É dessa maneira, afinal, que o Estado tem início na Terra: penso que foi abandonada aquela exaltação que o fez começar com um "contrato". Quem pode dar ordens, quem é "senhor" por natureza, quem entra em cena violentamente com obras e gestos – que tem ele a ver com contratos! Não se conta com tais seres, eles vêm como o destino, sem fundamento, razão, consideração ou pretexto, estão aí como o raio está aí, terríveis demais, súbitos demais, persuasivos demais, "outros" demais para serem sequer odiados. Sua obra é um instintivo criar de formas, estampar de formas, eles são os artistas mais involuntários, mais inconscientes que existem: – onde aparecem, logo se encontra algo novo, uma formação de domínio que *vive*, na qual partes e funções são delimitadas e relacionadas, na qual nada encontra lugar que primeiro não tenha sido dotado de um "sentido" com vista ao todo. Eles não sabem o que é culpa, o que é responsabilidade, o que é consideração, esses organizadores natos; neles domina aquele terrível egoísmo de artista que olha como bronze e, como a mãe em seu filho, sabe-se previamente justificado na "obra" por toda a eternidade. Não foi *neles* que cresceu a "má consciência", isso é algo que se entende de antemão – mas ela não teria crescido *sem eles*, essa planta feiosa, ela não existiria se, sob a pressão de seus golpes de martelo, de sua violência de artista, uma monstruosa porção de liberdade não tivesse sido subtraída do mundo, ou pelo menos da visibilidade e, por assim dizer, não tivesse sido tornada *latente*. Esse *instinto de liberdade* tornado latente pela via da violência – já compreendemos –, esse instinto de liberdade rechaçado, postergado, encarcerado no íntimo e, por fim, somente ainda se descarregando e se abatendo sobre si mesmo: isso, apenas isso é a *má consciência* em seu início.

18.

Evitemos menosprezar todo esse fenômeno só por ser feio e doloroso desde o princípio. No fundo, afinal, a mesma força ativa que naqueles artistas da violência e organizadores está em ação de modo mais grandioso e constrói Estados é a força que aqui, interiormente, em menor, mais ínfima medida, em direção retrocedente, no "labirinto do peito", para falar com Goethe[34], cria a má consciência e constrói ideais negativos, precisamente aquele *instinto de liberdade* (falando em minha linguagem: a vontade de poder): apenas que a matéria na qual se descarrega a natureza violentadora e criadora de formas dessa força é, neste caso,

---

34. Do poema "À lua", cujas duas últimas estrofes, vertidas em prosa, são: "Feliz aquele que ao mundo / Se fecha sem ódio, / Um amigo ao peito estreita / E com ele aprecia // O que pelos homens ignorado / Ou não pensado / Pelo labirinto do peito / Na noite vagueia".

o próprio homem, todo o seu antigo eu animal – e *não*, como naquele fenômeno maior e mais chamativo, o *outro* homem, os *outros* homens. Essa secreta autoviolação, essa crueldade de artista, esse gosto por dar uma forma a si mesmo, como a um material difícil, relutante e padecente, por marcar a fogo uma vontade, uma crítica, uma contradição, um desprezo, um não, esse trabalho sinistro e terrivelmente prazeroso de uma alma solícita-discordante consigo mesma, que faz sofrer a si mesma pelo gosto de fazer sofrer, toda essa "má consciência" *ativa*, trouxe por fim à luz – já se adivinha –, como o verdadeiro útero materno de acontecimentos ideais e imaginativos, também uma plenitude de nova e estranha beleza e afirmação, e, talvez, *a* beleza como tal... Pois o que seria "belo" se antes a contradição não tivesse tomado consciência de si mesma, se antes o feio não tivesse dito a si mesmo: "sou feio"?... Depois dessa indicação, pelo menos será menos enigmático o enigma sobre até que ponto pode se anunciar um ideal, uma beleza, em conceitos contraditórios como *desinteresse*, *abnegação* e *autossacrifício*[35]; e de uma coisa sabemos daqui por diante, não duvido disso – a saber, de que tipo é, desde o começo, o *prazer* que sente o desinteressado, o abnegado, o autossacrificador: esse prazer faz parte da crueldade. – É o que basta, por ora, sobre a origem do "não egoísmo" como um valor *moral* e sobre a delimitação do solo em que esse valor cresceu: apenas a má consciência, apenas a vontade de maltratar-se fornece o pressuposto para o *valor* do não egoísmo.

19.

A má consciência é uma doença, não há dúvida, mas uma doença tal como a gravidez é uma doença. Procuremos

---

35. A contradição é mais evidente quando se considera a tradução literal desses termos: *Selbstlosigkeit* (ausência de si), *Selbstverleugnung* (negação de si), *Selbstopferung* (sacrifício de si).

as condições sob as quais essa doença chegou ao seu ápice mais terrível e mais sublime: – veremos o que propriamente ingressou com isso no mundo. Mas para tanto se precisa de um fôlego longo – e, em primeiro lugar, precisaremos voltar mais uma vez a um ponto de vista anterior. A relação do devedor com o seu credor, uma relação de direito privado da qual já se tratou longamente, foi, mais uma vez, introduzida via interpretação – e isso de uma forma que, historicamente, é sobremaneira notável e duvidosa – numa relação na qual ela talvez seja sumamente incompreensível para nós, homens modernos: a saber, na relação dos *homens do presente* com os seus *antepassados*. No interior da linhagem original – falamos de épocas pré-históricas –, a geração que vive em dado momento sempre reconhece uma obrigação jurídica em relação à anterior e, em especial, em relação à mais antiga, fundadora da linhagem (e, de forma alguma, uma mera obrigação emocional; poderíamos inclusive, não sem razão, contestar a existência desta última durante o período mais longo da espécie humana em geral). Aqui impera a convicção de que a linhagem apenas *subsiste* devido aos sacrifícios e feitos dos antepassados – e que é preciso *pagar-lhes* por isso mediante sacrifícios e feitos: reconhece-se assim uma *dívida*, que ainda cresce constantemente porque esses ancestrais, ao prosseguirem sua existência como espíritos poderosos, não cessam de conceder à linhagem novas vantagens e adiantamentos oriundos de sua força. De graça, talvez? Mas não existe "de graça" nessas eras toscas e "pobres de alma". Com o que se pode retribuí-los? Sacrifícios (de início, com a finalidade de alimentação, no sentido mais grosseiro), festas, capelas, demonstrações de honra, sobretudo obediência – pois todos os usos são, como obras dos antepassados, também suas normas e ordens –: será que alguma vez se dá o suficiente a eles? Essa suspeita fica e cresce: de tempos em tempos ela obriga a uma grande amortização em bloco, alguma coisa monstruosa como compensação ao "credor" (o famigerado sacrifício do primogênito, por exemplo, sangue, em todo caso sangue humano). O *medo* do ancestral e de seu poder, a consciência de ter dívidas para com ele, aumenta necessariamente, segundo esse tipo de lógica, na exata medida em que aumenta o poder da própria estirpe, em que a própria estirpe aí está cada vez mais vitoriosa, mais independente, mais honrada, mais temida. Não o contrário, talvez! Cada passo no estiolamento da linhagem, todos os acasos lastimáveis, todos os sinais de degeneração, de crescente dissolução também *diminuem* sempre o medo do espírito de seu fundador e dão uma ideia cada vez menor de sua prudência, presciência e presença de poder. Imagine-se que esse tipo grosseiro de lógica tenha alcançado o seu termo: então, por fim, os ancestrais das linhagens *mais poderosas* terão eles mesmos, mediante a fantasia do medo crescente, crescido até alturas monstruosas e sido empurrados para a escuridão de uma divina lugubridade e inimaginabilidade: – o ancestral é por fim necessariamente transfigurado num *deus*. Talvez esteja aí inclusive a origem dos deuses, uma origem, portanto, a partir do *medo*!... E se alguém achasse necessário acrescentar: "mas também a partir do respeito filial!", dificilmente poderia ter razão quanto àquele longuíssimo período do gênero humano, quanto à sua pré-história. Tanto mais, porém, quanto ao período *médio*, em que se formam as linhagens nobres: – as quais, de fato, devolveram com juros a seus fundadores, a seus ancestrais (heróis, deuses), todas as qualidades que, no meio-tempo, se tornaram evidentes nelas próprias, as qualidades *nobres*. Mais tarde ainda lançaremos um olhar à nobilitação e ao enobrecimento dos deuses (que, no entanto, não são de forma alguma a sua "santificação"): agora, apenas levemos provisoriamente a seu fim o curso de todo esse desenvolvimento da consciência de culpa.

20.

A consciência de ter dívidas com a divindade, como ensina a história, não cessou de forma alguma mesmo depois do declínio da forma de organização da "comunidade" baseada no parentesco consanguíneo; a humanidade, do mesmo modo que herdara os conceitos de "bom e ruim" da nobreza de linhagem (junto com sua tendência psicológica fundamental de estabelecer hierarquias), recebeu por acréscimo, com a herança das divindades das linhagens e das tribos, também a da pressão de dívidas ainda não pagas e da exigência de quitá-las. (A transição é constituída por aquelas amplas populações de escravos e servos que, seja por coação, seja por servilismo e *mimicry*[36], se adaptaram ao culto dos deuses de seus senhores: a partir delas, essa herança transborda então para todos os lados.) O sentimento de culpa em relação à divindade não deixou de crescer por vários milênios, e isso sempre na mesma proporção em que o conceito de deus e o sentimento por deus cresceram na Terra e foram levados às alturas. (Toda a história das lutas, vitórias, reconciliações e fusões étnicas, tudo o que precede a hierarquia definitiva de todos os elementos do povo em cada grande síntese de raças, reflete-se na barafunda das genealogias de seus deuses, nas lendas sobre suas lutas, vitórias e reconciliações; o progresso rumo a impérios universais também é sempre o progresso rumo a divindades universais; o despotismo, com o seu sobrepujamento da nobreza independente, também abre sempre caminho a um monoteísmo qualquer.) O surgimento do deus cristão, sendo o do deus máximo até agora alcançado, também produziu, por isso, o máximo de sentimento de culpa na Terra. Supondo que pouco a pouco entramos no movimento *contrário*, poderíamos, do inexorável declínio

---

36. Mimetismo.

da crença no deus cristão, inferir com probabilidade nada pequena que já agora também haveria um considerável declínio da consciência humana de culpa; tampouco caberia rejeitar a perspectiva de que a vitória completa e definitiva do ateísmo pudesse livrar a humanidade de todo esse sentimento de ter dívidas com o seu início, sua *causa prima*[37]. O ateísmo e uma espécie de *segunda inocência*[38] são condizentes. –

21.

Isso é o que tenho a dizer por ora, de modo breve e por alto, sobre a relação dos conceitos de "culpa" e "dever" com pressupostos religiosos: intencionalmente, deixei de lado até agora a verdadeira moralização desses conceitos (o fato de serem empurrados para a consciência, mais precisamente, o enredamento da *má* consciência com o conceito de deus), inclusive falando no final da seção anterior como se essa moralização nem sequer existisse, por conseguinte, como se doravante esses conceitos necessariamente se acabassem depois que tivesse caído o seu pressuposto, a crença em nosso "credor", em Deus. Os fatos divergem terrivelmente disso. Com a moralização dos conceitos de culpa e dever, com o fato de serem empurrados para a *má* consciência, ocorre, bem verdadeiramente, a tentativa de *inverter* a direção do desenvolvimento recém-descrito, de pelo menos deter seu movimento: agora, justamente a perspectiva de uma quitação definitiva *deve* se fechar de modo pessimista de uma vez por todas; agora, o olhar *deve* se chocar e ricochetear de modo desolador contra uma impossibilidade brônzea; agora, aqueles conceitos,

---

37. Causa primeira.
38. "Inocência" em alemão é *Unschuld*, literalmente "não culpa", "não dívida".

"culpa" e "dever", *devem* se voltar para trás – contra *quem*, afinal? Não cabe dúvida: em primeiro lugar, contra o "devedor", em quem a má consciência doravante se fixa de tal maneira, a quem corrói, em quem se espalha e cresce como um pólipo para todos os lados e profundidades, até que por fim, com a insolvência da dívida, também se concebeu a insolvência da penitência, o pensamento de sua impagabilidade (da "punição *eterna*") –; mas, por fim, inclusive contra o "credor", quer se pense aí na *causa prima* do homem, no começo do gênero humano, em seu ancestral, que doravante é marcado com uma maldição ("Adão", "pecado original", "ausência de livre-arbítrio"), ou na natureza, de cujo ventre provém o homem e na qual doravante se introduz o mau princípio ("diabolização da natureza"), ou na existência como tal, que resta como *indigna em si* (afastamento niilista dela; desejo de adentrar no nada ou no "contrário" dela, em algo diferente; budismo e afins) – até que de um golpe nos encontramos diante do expediente paradoxal e medonho pelo qual a humanidade martirizada achou um alívio temporário, aquele lance de gênio do *cristianismo*: o próprio Deus se sacrificando pela culpa do homem, o próprio Deus pagando a si mesmo com a própria pessoa, Deus como o único que pode remir o homem de algo que para o próprio homem se tornou irremível – o credor sacrificando-se pelo seu devedor, por *amor* (é de acreditar? –), por amor a seu devedor!...

22.

Já se terá adivinhado *o que* propriamente aconteceu com isso tudo e *sob* isso tudo: aquela vontade de autotormento, aquela crueldade colocada em segundo plano do homem-animal interiorizado, afugentado para dentro de si mesmo, da criatura encarcerada no "Estado" para fins de amansamento, que inventou a má consciência para se machucar depois que a saída *mais natural* para essa vontade de machucar fora obstruída – esse homem da má consciência se apoderou do pressuposto religioso para levar seu automartírio até sua mais horripilante dureza e severidade. Uma culpa diante de *Deus*: esse pensamento transforma-se para ele num instrumento de tortura. Ele abarca em "Deus" as derradeiras oposições que é capaz de encontrar para os seus verdadeiros e irredimíveis instintos animais, ele reinterpreta esses próprios instintos como culpa diante de Deus (como hostilidade, rebelião, revolta contra o "Senhor", o "Pai", o ancestral e princípio do mundo), ele se retesa na contradição "Deus" e "Diabo", ele lança todo *não* que diz a si mesmo, à natureza, à naturalidade, à factualidade de seu ser, para fora de si como um *sim*, como existente, corpóreo, real, como Deus, como santidade de Deus, como magistratismo de Deus, como verduguismo de Deus, como além, como eternidade, como martírio sem fim, como inferno, como imensurabilidade de punição e de culpa. Isso é uma espécie de delírio da vontade na crueldade anímica que simplesmente não tem igual: a *vontade* do homem de achar-se culpado e réprobo até a inexpiabilidade, sua *vontade* de imaginar-se punido sem que a punição pudesse alguma vez se tornar equivalente à culpa, sua *vontade* de infectar e envenenar o mais profundo fundamento das coisas com o problema da punição e da culpa para bloquear de uma vez por todas sua saída desse labirinto de "ideias fixas", sua *vontade* de instaurar um ideal – o do "santo Deus" – para, face a ele, estar palpavelmente seguro de sua absoluta indignidade. Ai dessa louca e triste besta humana! Que ideias lhe ocorrem, que antinatureza, que paroxismos de absurdo, que *bestialidade da ideia* irrompe logo que ela é apenas um pouco impedida de ser *besta da ação!*... Isso tudo é demasiado interessante, mas também de uma tristeza negra, sombria e enervante, a ponto de ser necessário proibir-se com violência de olhar por tempo demais nesses abismos. Aqui há *doença*, não resta dúvida, a mais terrível doença que até agora se debateu furiosamente no homem: – e quem ainda for capaz de ouvir (mas hoje não se tem mais ouvidos para isso! –) como nessa noite de martírio e contrassenso soou o grito *amor*, o grito do mais anelante fascínio, da redenção no *amor*, esse se afasta, tomado de um horror invencível... Há tanta coisa medonha no homem!... A Terra já foi um hospício por tempo demais!...

23.

Que isso baste de uma vez por todas sobre a origem do "santo Deus". – Que *em si* a concepção de deuses não precise levar necessariamente a essa degradação da fantasia, cuja consideração não pudemos deixar de fazer por um momento, que há maneiras *mais nobres* de servir-se da invenção de deuses além dessa autocrucificação e autoviolação do homem em que os últimos milênios da Europa tiveram sua mestria – isso felizmente ainda pode ser depreendido de cada olhar lançado aos *deuses gregos*, esses reflexos de homens nobres e soberanos em que o *animal* no homem se sentia divinizado e *não* dilacerava a si mesmo, *não* se enfurecia contra si mesmo! Na maior parte do tempo, esses gregos se serviram de seus deuses justamente para afastar de si a "má consciência", para que pudessem continuar contentes com a sua liberdade de alma: ou seja, numa compreensão inversa ao uso que o cristianismo fez do seu deus. Eles iam *muito longe* nisso, esses criançolas magníficos e corajosíssimos; e nenhuma autoridade menor que a do próprio Zeus homérico lhes dá a entender aqui e ali que eles tornam as coisas muito fáceis para si mesmos. "É admirável!", diz ele certa vez – trata-se do caso de Egisto, um caso *muito* grave –,

É admirável o quanto os mortais se queixam dos deuses!
Só de nós provém o mal, julgam eles; mas eles próprios

Criam suas desgraças por insensatez, mesmo contra o destino.[39]

Mas aqui se ouve e se vê ao mesmo tempo que até esse espectador e juiz olímpico está longe de ficar zangado com eles e pensar mal deles: "como são *tolos!*", pensa ele frente às atrocidades dos mortais – e a "tolice", a "insensatez", um pouco de "perturbação na cabeça", tais coisas mesmo os gregos da época mais forte e mais valente *admitiram* em si próprios como o fundamento de muitas coisas graves e funestas: – tolice, *não* pecado! Compreendeis isso?... Mas mesmo essa perturbação na cabeça era um problema – "sim, como ela é sequer possível? De onde é mesmo que ela veio, em cabeças como as *nossas*, nós, homens da nobre origem, da felicidade, da boa constituição, da melhor sociedade, da nobreza, da virtude?" – assim perguntava-se durante séculos o grego nobre face a cada horror e crime que não compreendia e com que um de seus iguais se manchara. "Um *deus* deve tê-lo ludibriado", dizia-se ele por fim, balançando a cabeça... Essa saída é *típica* dos gregos... Dessa forma, os deuses serviam naquela época para justificar o homem até certo ponto mesmo nas coisas graves, eles serviam de causas do mal – naquela época, não assumiam a punição, e sim, como é *mais nobre*, a culpa...

24.

– Encerro com três interrogações, bem se vê. "Mas, afinal, aqui há um ideal sendo erigido ou um ideal sendo demolido?", talvez alguém me pergunte... Mas será que alguma vez perguntastes o bastante a vós próprios quanto custou a construção de *cada* ideal na Terra? Quanta realidade sempre foi caluniada e ignorada para isso, quanta mentira foi santificada, quanta consciência foi transtor-

---

39. *Odisseia* I, 32-34.

nada, quanto "Deus" teve de ser sacrificado a cada vez? Para que um santuário possa ser erigido, *um santuário deve ser demolido*: essa é a lei – que me mostrem o caso em que não é cumprida!... Nós, homens modernos, somos os herdeiros de milênios de vivissecção da consciência e de autoinfligidos maus-tratos de animais: nisso temos a nossa mais prolongada prática, talvez o nosso gênio artístico, em todo caso nosso refinamento, nossa mimalhice de gosto. O homem considerou suas inclinações naturais por tempo demasiado com um "mau olhar", de modo que por fim se irmanaram nele com a "má consciência". Uma tentativa contrária seria *em si* possível – mas quem é forte o bastante para isso? –, a saber, irmanar com a má consciência as inclinações *inaturais*, todas aquelas aspirações ao além, ao antissensível, anti-instintivo, antinatural e antianimal, em suma, os ideais até agora existentes, que são todos eles ideais hostis à vida, caluniadores do mundo. A quem se voltar hoje com *tais* esperanças e reivindicações?... Quem o fizesse teria contra si precisamente os homens *bons*; além disso, como é justo, os comodistas, os reconciliados, os vaidosos, os exaltados, os fatigados... O que ofende mais profundamente, o que separa tão radicalmente quanto deixar perceber algo do rigor e da elevação com que nos tratamos a nós mesmos? E, por outro lado – que amável, que amoroso não se mostra todo mundo conosco tão logo fazemos como todo mundo e nos "deixamos ir" como todo mundo!... Para aquela meta, seria preciso *outro* tipo de espíritos que não aqueles que são prováveis justamente nesta época: espíritos fortalecidos por guerras e vitórias, para quem a conquista, a aventura, o perigo e a dor tenham se tornado inclusive uma necessidade; para isso seria preciso estar habituado ao ar cortante das alturas, a andanças invernais, ao gelo e às montanhas em todos os sentidos, para isso seria preciso inclusive uma espécie de maldade sublime, uma derradeira e autoconfiante petulância do conhecimento, condizente com a grande saúde; seria preciso, dizendo-o bastante breve e pessimamente, justo essa *grande saúde!*... Será esta sequer possível precisamente hoje?... Mas em algum momento, numa época mais forte que esse presente apodrecido e cético quanto a si mesmo, ele terá de vir a nós, o homem *redentor* dotado de grande amor e desprezo, o espírito criador a quem sua força impulsora afasta vez após vez de todo à parte e além, cuja solidão será mal compreendida pelo povo, como se fosse uma fuga *da* realidade –: enquanto é apenas seu mergulho, seu enterramento, seu aprofundamento *na* realidade, para que um dia, quando vier novamente à luz, traga dela consigo a *redenção* dessa realidade: sua redenção da maldição que o ideal até hoje existente lançou sobre ela. Esse homem do futuro, que irá nos redimir tanto desse ideal quanto daquilo *que tinha de crescer dele*, do grande nojo, da vontade de nada e do niilismo, essa batida de sino do meio-dia e da grande decisão, que liberta novamente a vontade, que devolve à Terra sua meta e ao homem a sua esperança, esse anticristo e antiniilista, esse derrotador de Deus e do nada – *tem de vir um dia*...

25.

– Mas o que estou dizendo aí? Basta! Basta! Neste ponto só me convém uma coisa, silenciar: caso contrário, atentaria contra aquilo que só é possível a alguém mais jovem, a alguém "mais futuro", a alguém mais forte do que eu – algo que só a *Zaratustra* é possível, *Zaratustra, o sem-deus*...

Terceira dissertação: o que significam ideais ascéticos?

Despreocupados, zombeteiros, violentos – assim *nos* quer a sabedoria: ela é uma mulher, ela ama apenas um guerreiro.

Assim falou Zaratustra

1.

O que significam ideais ascéticos? – No caso dos artistas, nada ou muita coisa; no dos filósofos e estudiosos, algo como faro e instinto para as precondições mais favoráveis da espiritualidade elevada; no das mulheres, na melhor das hipóteses, uma amabilidade da sedução *a mais*, um pouco de *morbidezza*[1] na bela carne, a angelicidade de um bonito animal gordo; no dos fisiologicamente malogrados e desarranjados (na *maioria* dos mortais), uma tentativa de sentir-se "bom demais" para este mundo, uma forma sagrada de devassidão, seu principal recurso na luta contra a dor lenta e o tédio; no dos sacerdotes, a genuína crença sacerdotal, seu melhor instrumento de poder e também a "altíssima" autorização para exercê-lo; no dos santos, por fim, uma desculpa para hibernar, a sua *novissima gloriae cupido*[2], seu descanso no nada ("Deus"), sua forma de loucura. Porém, *no fato* de o ideal ascético ter significado tanto ao homem expressa-se o fato fundamental da vontade humana, o seu *horror vacui*[3]: *ele precisa de uma meta*

---

1. Maciez, suavidade, delicadeza.
2. Novíssima cupidez de glória.
3. Horror ao vazio.

– e ainda preferirá querer *o nada* a *não* querer.[4] – Será que sou compreendido?... Será que fui compreendido?... "*Absolutamente não, meu senhor!*" – Comecemos, pois, do princípio.

2.

O que significam ideais ascéticos? – Ou, tomando um caso particular em relação ao qual tantas vezes pediram o meu conselho, o que significa, por exemplo, um artista como Richard Wagner fazer uma homenagem à castidade nos dias de sua velhice? Num certo sentido, ele sem dúvida sempre fez isso; mas apenas no fim num sentido ascético. O que significa essa mudança de "senso", essa radical virada de opinião? – pois foi o que aconteceu, com isso Wagner passou diretamente ao seu oposto. O que significa um artista passar diretamente ao seu oposto?... Neste ponto, supondo que queiramos nos deter um pouco nessa pergunta, logo nos vem à memória o melhor, mais forte, mais jovial e *mais corajoso* período que talvez tenha existido na vida de Wagner: foi a época em que o pensamento nas bodas de Lutero o ocupava íntima e profundamente. Quem saberá de que acasos realmente dependeu o fato de hoje possuirmos *Os mestres-cantores* em vez dessa música nupcial? E quanto desta talvez ainda ressoe naqueles? Mas não há dúvida de que também nessas *Bodas de Lutero* se trataria de um louvor da castidade. No entanto, também de um louvor da sensualidade: – e exatamente assim as coisas me pareceriam em ordem, exatamente assim a obra também teria sido "wagneriana". Pois entre a castidade e a sensualidade não há uma oposição necessária; todo bom casamento, toda verdadeira relação amorosa está acima dessa oposição. Wagner teria feito bem, segundo me parece,

---

4. Jogo de palavras entre *das Nichts* (o nada) e *nicht* (não).

em lembrar novamente seus alemães dessa factualidade *agradável* com a ajuda de uma graciosa e valente comédia luterana, pois sempre há e houve entre os alemães muitos caluniadores da sensualidade; e em nada o mérito de Lutero talvez seja maior do que justamente no fato de ter tido a coragem para a sua *sensualidade* (– que era chamada naquela época, bastante delicadamente, de "liberdade evangélica"...). Mas mesmo naquele caso em que realmente existe aquela oposição entre castidade e sensualidade, essa oposição, felizmente, não precisa de forma alguma ser trágica. Isso deveria valer, pelo menos, para todos os mortais mais bem constituídos e mais bem dispostos, que estão longe de incluir sem mais nem menos entre os contra-argumentos à existência o seu instável equilíbrio entre "animal e anjo" – os mais sutis e mais lúcidos, como Goethe, como Hafiz[5], viram nisso inclusive um estímulo vital *a mais*. Justamente tais "contradições" seduzem à existência... Por outro lado, entende-se muito bem que se alguma vez os porcos malogrados forem levados a adorar a castidade – e tais porcos existem! – eles vejam e adorem nela apenas a sua antítese, a antítese dos porcos malogrados – oh, e com que grunhidos e fervor trágicos!, pode-se imaginar –, aquela constrangedora e supérflua antítese que Richard Wagner incontestavelmente ainda quis, no fim de sua vida, colocar em música e levar ao palco. *Para que, afinal?*, pode-se com razão perguntar. Pois o que lhe interessavam, o que nos interessam os porcos? –

3.

Nisso, contudo, não se pode contornar aquela outra questão sobre o que verdadeiramente lhe interessava

---

5. Hafiz (c. 1327-1390): poeta persa, cujo *Divã* inspirou o *Divã ocidental-oriental* de Goethe.

aquela masculina (ah, tão pouco masculina) "simplicidade do campo", aquele pobre-diabo e simplório chamado Parsifal, que ele por fim catoliciza com meios tão ardilosos – como? Esse Parsifal foi mesmo pensado *a sério*? Pois poderíamos ser tentados a supor o contrário, mesmo a desejá-lo – que o Parsifal wagneriano tivesse sido pensado jovialmente, por assim dizer como peça de encerramento e drama satírico com o qual o tragediógrafo Wagner tivesse querido se despedir de nós, também de si e, sobretudo, *da tragédia* de uma maneira adequada e digna justamente dele, a saber, com um excesso da mais alta e mais maliciosa paródia do próprio trágico, de toda a terrível seriedade terrena e lamentação terrena de outrora, da *forma mais grosseira*, finalmente superada, na antinatureza do ideal ascético. Isso, como foi dito, teria sido digno justamente de um grande tragediógrafo: que, como todo artista, só atinge o último cume de sua grandeza quando consegue ver a si mesmo e sua arte *abaixo* de si – quando consegue *rir* de si mesmo. Seria o *Parsifal* de Wagner o seu secreto riso de superioridade sobre si mesmo, o triunfo de sua conquistada, derradeira e suprema liberdade de artista, transmundanidade de artista? Seria de desejar, como foi dito: pois o que seria o Parsifal *levado a sério*? É realmente necessário ver nele (como me disseram) "a paridura de um ódio enlouquecido ao conhecimento, ao espírito e à sensualidade"? Uma maldição lançada sobre os sentidos e o espírito num só ódio e fôlego? Uma apostasia e um retorno a ideais doentio-cristãos e obscurantistas? E, por fim, inclusive um negar-se, um riscar-se por parte de um artista que até então almejara o contrário com toda a força de sua vontade, a saber, a *suprema espiritualização e sensualização* de sua arte? E não apenas de sua arte: também de sua vida. Recorde-se com que entusiasmo Wagner seguira as pegadas do filósofo Feuerbach[6]: o lema feuerbachiano da "sensualidade sadia" – nos anos 30 e 40 isso soava a Wagner, também a muitos alemães (– eles se denominavam os *"jovens alemães"*), como o lema da redenção. Teria ele por fim *desaprendido* isso? Visto que pelo menos parece que no fim ele tinha a vontade de *desensiná-lo*... E não apenas com as trombetas de Parsifal do alto do palco: – nos turvos, tão forçados quanto indecisos escritos de seus últimos anos, há cem passagens em que se denunciam um desejo e uma vontade secretos, uma vontade desalentada, incerta e inconfessa de, bem verdadeiramente, pregar o retorno, a conversão, a negação, o cristianismo, a Idade Média e dizer a seus discípulos: "Isso não é nada! Buscai a salvação em outro lugar!". Inclusive o "sangue do Redentor" é invocado uma vez...

4.

Que em tal caso, que tem muito de constrangedor, seja-me permitido expressar minha opinião – e é um caso *típico* –: a melhor coisa a fazer é sem dúvida separar um artista de sua obra a tal ponto que não o levemos tão a sério quanto sua obra. Ele é, por fim, apenas a precondição de sua obra, o ventre, o solo, às vezes o adubo e o esterco no qual, do qual ela cresce – e, assim, na maioria dos casos, algo que precisamos esquecer se quisermos

---

6. Ludwig Feuerbach (1804-1872): filósofo alemão. Ver, por exemplo, *Fundamentos da filosofia do futuro*, seção 36: "A velha filosofia admitia a verdade da sensualidade (...), mas *apenas às escondidas*, apenas *de modo conceitual*, apenas *sem consciência* e *a contragosto*, apenas porque *tinha* de fazê-lo; a *nova* filosofia, em compensação, reconhece a *verdade* da sensualidade *com alegria, com consciência*: ela é a filosofia *francamente sensual*".

nos alegrar com a própria obra. Compreender a *origem* de uma obra interessa aos fisiólogos e vivisseccionistas do espírito: nunca, jamais aos homens estéticos, aos artistas! O poeta e criador do Parsifal foi tão pouco poupado de uma profunda, radical e mesmo apavorante aclimatação e descida a contrastes de alma medievais, de um afastamento hostil de toda altura, rigor e cultivo do espírito, de uma espécie de (perdoem-me a palavra) *perversidade* intelectual quanto uma mulher grávida é poupada das asquerosidades e estranhezas da gravidez: que, como foi dito, precisamos *esquecer* para nos alegrarmos com a criança. É preciso resguardar-se da confusão por *contiguity*[7] psicológica, para falar com os ingleses, em que o próprio artista cai com muita facilidade: como se ele próprio *fosse* aquilo que consegue representar, imaginar, expressar. Fato é que *se* ele o fosse, ele simplesmente não o representaria, imaginaria, expressaria; um Homero não teria inventado um Aquiles, um Goethe não teria inventado um Fausto se Homero tivesse sido um Aquiles e se Goethe tivesse sido um Fausto. Um artista perfeito e completo está separado por toda a eternidade do "real", do efetivo; por outro lado, compreende-se como às vezes ele pode ficar cansado até o desespero dessa eterna "irrealidade" e falsidade de sua existência mais íntima – e que então faça a tentativa de avançar ao que é mais proibido justamente a ele, ao real, a tentativa de *ser* real. Com que resultado? Já se adivinha... Essa é *a típica veleidade* do artista: a mesma veleidade a que também se entregou o velho Wagner e que ele teve de pagar tão caro, tão funestamente (– devido a ela, perdeu a parcela mais valiosa de seus amigos). Mas por fim, ainda deixando completamente de lado essa veleidade, quem não desejaria, no interesse do próprio Wagner, que ele

---

7. Contiguidade.

tivesse se despedido de nós e de sua arte *de outra maneira*, não com um Parsifal, e sim de modo mais vitorioso, mais confiante, mais wagneriano – menos desnorteador, menos ambíguo em relação a todo o seu querer, menos schopenhauriano, menos niilista?...

5.

– O que significam, pois, os ideais ascéticos? No caso de um artista, acabamos de compreendê-lo: *absolutamente nada!*... Ou tantas coisas que isso é o mesmo que absolutamente nada!... Eliminemos de início os artistas: eles não estão nem de longe no mundo e *contra* o mundo com independência suficiente para que suas valorações e as mudanças destas merecessem interesse *em si!* Em todas as épocas, eles foram os criados de quarto de uma moral ou de uma filosofia ou de uma religião; isso sem considerar que com bastante frequência, infelizmente, eles foram os cortesãos arquiacomodadiços de seus seguidores e patrocinadores, e bajuladores de faro aguçado diante de forças antigas ou que acabaram de ascender. No mínimo, eles sempre precisam de um baluarte, um apoio, uma autoridade já constituída: os artistas nunca são independentes, o isolamento vai contra os seus mais profundos instintos. Assim, por exemplo, Richard Wagner tomou o filósofo Schopenhauer, "quando era chegada a hora"[8], como o seu homem de frente, o seu baluarte: – quem julgaria sequer imaginável que ele tivesse tido a *coragem* para um ideal ascético sem o apoio que lhe oferecia a filosofia de Schopenhauer, sem a autoridade de Schopenhauer, que atingira *a preponderância* na Europa nos anos 70? (Ainda não considerando aí se na *nova* Alemanha teria sido realmente possível um artista sem o leite do

---

8. João 13, 1.

modo devoto de pensar[9], devoto ao império[10].) – E com isso chegamos a esta questão mais séria: o que significa um verdadeiro *filósofo* homenagear o ideal ascético, um espírito realmente independente como Schopenhauer, um homem e cavaleiro de olhar brônzeo que tem a coragem para si mesmo, que consegue se manter por conta própria e não espera por homens de frente e sinais superiores? – Consideremos aqui de imediato a estranha e, para certo tipo de pessoa, mesmo fascinante posição de Schopenhauer em relação à *arte*: pois foi evidentemente *em primeiro lugar* por causa dela que Richard Wagner passou para o lado de Schopenhauer (convencido a isso por um poeta, como se sabe, por Herwegh[11]), e isso ao ponto de se abrir uma completa contradição teórica entre o seu credo estético anterior e o posterior – o primeiro, por exemplo, expresso em *Ópera e drama*; o segundo, nos escritos que publicou a partir de 1870. Em especial, o que talvez mais cause estranheza, Wagner mudou brutalmente a partir de então o seu juízo sobre o valor e a posição da própria *música*: que lhe interessava que até então tivesse feito dela um recurso, um meio, uma "mulher" que simplesmente precisava de uma finalidade, de um homem para prosperar – a saber, do drama! Ele compreendeu de um golpe que com a teoria e a inovação de Schopenhauer havia *mais* a fazer *in majorem musicae*

---

9. "Leite do modo devoto de pensar" é uma expressão de Schiller na peça *Guilherme Tell*, ato 4, cena 3. Tell arma uma emboscada para o bailio Gessler; enquanto o aguarda, diz consigo mesmo: "Meus pensamentos não tinham mácula de assassinato; / *Tu* me expulsaste de minha paz, / Transformaste em fermentado veneno de dragão / O leite do modo devoto de pensar".

10. Isto é, o chamado Segundo Reich, fundado em 1871 após a Guerra Franco-Prussiana.

11. Georg Herwegh (1817-1875): escritor alemão.

gloriam[12] – a saber, com a *soberania* da música, tal como a compreendia Schopenhauer: a música colocada à parte frente a todas as outras artes, a arte independente em si, e *não*, como estas, oferecendo cópias da fenomenalidade, antes falando a própria linguagem *da* vontade, diretamente do "abismo", como sua mais peculiar, mais original e mais inderivável revelação. Com esse extraordinário aumento de valor da música, tal como parecia resultar da filosofia schopenhaueriana, também aumentou de súbito, inauditamente, o valor do próprio *músico*: ele se tornou doravante um oráculo, um sacerdote, até mais do que um sacerdote, uma espécie de porta-voz do "em si" das coisas, um telefone do além – daí por diante, ele não falava apenas música, esse ventríloquo de Deus – ele falava metafísica: como admirar que um dia finalmente falasse *ideais ascéticos?*...

6.

Schopenhauer aproveitou a concepção kantiana do problema estético – embora com toda a certeza não o encarasse com olhos kantianos. Kant imaginava prestar uma honra à arte quando, entre os predicados do belo, privilegiou e colocou em primeiro plano aqueles que constituem a honra do conhecimento: impessoalidade e universalidade. Aqui não é o lugar de tratar se, no essencial, isso não era um engano; apenas quero sublinhar que Kant, como todos os filósofos, em vez de visar o problema estético a partir das experiências do artista (do criador), pensou sobre a arte e o belo partindo apenas do "espectador", e nisso, sem percebê-lo, incluiu o próprio "espectador" no conceito de "belo". Mas se pelo menos esse "espectador" fosse suficientemente conhecido dos filósofos do belo! – a saber, como um grande fato e experiência *pessoal*, como uma abundância das vivências, apetites, surpresas e encantos mais

---

12. Para maior glória da música.

peculiares e fortes no âmbito do belo! Mas o contrário, segundo temo, sempre foi o caso: e assim recebemos deles, logo desde o começo, definições nas quais, como naquela famosa definição do belo dada por Kant, a falta de uma experiência pessoal mais sutil se encontra sob a forma de um erro básico do tamanho de um grosso verme. "Belo é", disse Kant, "o que agrada *sem interesse*."[13] Sem interesse! Compare-se com essa definição aquela outra que foi dada por um verdadeiro "espectador" e artista – Stendhal, que definiu o belo certa vez como *une promesse de bonheur*.[14] Aqui, em todo caso, é *recusado* e riscado justamente aquilo que Kant destaca com exclusividade no estado estético: *le désintéressement*. Quem tem razão, Kant ou Stendhal? – Se, no entanto, nossos especialistas em estética não se cansam de colocar na balança, em favor de Kant, que sob o encanto da beleza poderíamos contemplar *inclusive* estátuas de mulheres nuas "sem interesse", pelo menos podemos rir um pouco à custa deles: – em relação a esse ponto espinhoso, as experiências dos *artistas* são "mais interessantes", e Pigmalião[15], em todo caso, *não* era necessariamente um "homem inestético". Pensemos tanto melhor da inocência de nossos especialistas em estética que se reflete em tais argumentos; consideremos uma honra para Kant, por exemplo, o que ele tem a ensinar, com uma ingenuidade de pároco de aldeia, sobre a peculiaridade do tato![16] – E aqui voltamos a Schopenhauer, que estava próximo às artes

---

13. Ver *Crítica da faculdade do juízo*, seção 2.

14. "Uma promessa de felicidade." Stendhal, *Rome, Naples et Florence* [*Roma, Nápoles e Florença*]. Paris, Michel Lévy Frères, 1854, p. 30.

15. Rei lendário de Chipre. Apaixonou-se por uma estátua que ele próprio esculpira; atendendo a suas súplicas, Afrodite deu vida a essa estátua.

16. Ver Kant, *Antropologia considerada de uma perspectiva pragmática*, seção 15, "Do sentido do tato".

num grau inteiramente diferente de Kant e, no entanto, não saiu do círculo mágico da definição kantiana: como isso aconteceu? As circunstâncias são bastante esquisitas: ele interpretou a expressão "sem interesse" de maneira personalíssima, a partir de uma experiência que para ele deve ter sido uma das mais regulares. Sobre poucas coisas Schopenhauer fala com tanta segurança quanto sobre o efeito da contemplação estética: ele afirma que ela age justamente contra o "interesse" *sexual*, de modo parecido, portanto, à lupulina e à cânfora; ele jamais se cansou de glorificar *essa* libertação da "vontade" como a grande vantagem e utilidade do estado estético. Estaríamos inclusive tentados a perguntar se a sua concepção fundamental de "vontade e representação", o pensamento de que só pode haver uma redenção da "vontade" por meio da "representação", teve origem numa generalização daquela experiência sexual. (Em todas as questões relativas à filosofia de Schopenhauer, jamais, seja dito de passagem, se pode desconsiderar que ela é a concepção de um jovem de 26 anos; de modo que ela não toma parte apenas da especificidade de Schopenhauer, mas também da especificidade dessa época da vida.) Ouçamos, por exemplo, um dos trechos mais expressos entre os inúmeros que ele escreveu em honra ao estado estético (*O mundo como vontade e representação*, vol. 1, livro terceiro, seção 38), prestemos atenção ao tom, ao sofrimento, à felicidade, à gratidão com que tais palavras foram pronunciadas. "Esse é o estado sem dor que Epicuro louvava como o bem supremo e como o estado dos deuses; naquele instante, somos libertados do ignóbil ímpeto da vontade, celebramos o sabá do trabalho de prisioneiro do querer, a roda de Íxion[17] cessa de girar"... Que veemência de pala-

---

17. Rei dos lápitas, povo da Tessália. Segundo a mitologia grega, perseguiu Hera e como punição foi amarrado por Zeus nos infernos a uma roda de fogo em constante movimento.

vras! Que imagens de suplício e de prolongado tédio! Que contraposição temporal quase patológica entre "naquele instante" e a "roda de Íxion", o "trabalho de prisioneiro do querer", o "ignóbil ímpeto da vontade"! – Mas supondo que Schopenhauer tivesse cem vezes razão quanto à sua pessoa, o que teria sido feito com isso em favor da compreensão da essência do belo? Schopenhauer descreveu um efeito do belo, o efeito de calmante da vontade – será ele sequer regular? Stendhal, como foi dito, uma natureza não menos sensual, mas mais bem-sucedida do que Schopenhauer, destaca outro efeito do belo: "o belo *promete* felicidade"; para ele, o estado de coisas parece consistir precisamente na *excitação da vontade* ("do interesse") através do belo. E não poderíamos, por fim, inclusive objetar a Schopenhauer que nisso ele se julga kantiano de modo muito injusto, que ele absolutamente não compreendeu a definição kantiana do belo de maneira kantiana – que o belo também lhe agradava devido a um interesse, até mesmo devido ao interesse mais forte, mais pessoal de todos: o do torturado que se livra de sua tortura?... E, voltando à nossa primeira questão, "o que *significa* um filósofo homenagear o ideal ascético?", obtemos aqui pelo menos uma primeira indicação: ele quer *se livrar de uma tortura*. –

7.

Diante da palavra "tortura", resguardemo-nos de fazer logo caras sombrias: precisamente neste caso, resta bastante a acrescentar contra isso, bastante a subtrair – resta inclusive algo para rir. Sobretudo, não subestimemos que Schopenhauer, que de fato tratou a sexualidade como inimigo pessoal (incluindo seu instrumento, a mulher, esse "*instrumentum diaboli*"[18]), tinha *necessidade* de inimigos

---

18. Instrumento do Diabo.

para manter o bom humor; que gostava das palavras furibundas, biliosas, verde-escuras; que se enfurecia por enfurecer, por paixão; que teria ficado doente, que teria se tornado *pessimista* (– pois não o era, por mais que o desejasse) sem os seus inimigos, sem Hegel, a mulher, a sensualidade e toda a vontade de existir, de persistir. Caso contrário, Schopenhauer *não* teria persistido, pode-se apostar, ele teria fugido: mas seus inimigos o seguravam firme, seus inimigos o seduziam vez após vez à existência; sua ira, exatamente como nos cínicos antigos, era seu bálsamo, seu descanso, sua recompensa, seu *remedium* contra o nojo, sua *felicidade*. É o que basta quanto ao mais pessoal no caso de Schopenhauer; por outro lado, ainda há nele algo típico – e só aqui voltamos outra vez ao nosso problema. Desde que existem filósofos na Terra, e em toda parte onde existiram filósofos (da Índia à Inglaterra, para tomar os polos opostos do talento para a filosofia), há incontestavelmente uma verdadeira irritação e um verdadeiro rancor dos filósofos contra a sensualidade – Schopenhauer é apenas a sua irrupção mais eloquente e, caso se tenha o ouvido para isso, também mais arrebatadora e mais fascinante –; há igualmente uma verdadeira parcialidade e cordialidade dos filósofos em relação a todo o ideal ascético, não podemos nos enganar sobre isso e contra isso. Ambas as coisas, como foi dito, pertencem ao tipo; se ambas faltarem a um filósofo, ele é apenas – estejamos seguros disso – um "assim chamado". O que *significa* isso? Pois é preciso antes interpretar esse estado de coisas: *em si*, ele se encontra aí estupidamente por toda a eternidade, como toda "coisa em si". Todo animal, portanto também *la bête philosophe*[19], aspira instintivamente por um ótimo de condições favoráveis sob as quais possa descarregar toda a sua força e alcançar seu máximo de sentimento de poder; do mesmo

---

19. A besta filósofo.

modo, todo animal abomina instintivamente, e com uma fineza de faro que "excede todo o entendimento"[20], todo tipo de desmancha-prazeres e obstáculos que se colocam ou possam se colocar no caminho desse ótimo (– *não* falo de seu caminho para a "felicidade", e sim de seu caminho ao poder, à ação, ao agir mais poderoso e, na maioria dos casos, realmente de seu caminho para a infelicidade). Dessa forma, o filósofo abomina o *casamento* junto com tudo o que poderia persuadir a ele – o casamento como obstáculo e fatalidade em seu caminho ao ótimo. Que grande filósofo foi casado até hoje? Heráclito, Platão, Descartes, Espinosa, Leibniz, Kant, Schopenhauer – não eram casados; mais ainda, não se pode sequer *imaginá-los* casados. Um filósofo casado só tem lugar *na comédia*, essa é minha tese: e aquela exceção, Sócrates, o malicioso Sócrates, casou-se, parece, *ironice*[21], com o propósito expresso de demonstrar justo *essa* tese. Todo filósofo falaria como uma vez falou Buda quando lhe anunciaram o nascimento de um filho: "nasceu-me *râhula*, forjaram-me um grilhão"[22] (*râhula* significa aqui "um pequeno demônio"); a todo "espírito livre" deveria sobrevir uma hora pensativa, supondo que antes tivesse tido uma hora impensada, como sobreveio uma vez ao mesmo Buda – "estreitamente apertada", pensou lá consigo, "é a vida dentro de casa, um lugar de impureza; a liberdade está em abandonar a casa; por assim pensar, abandonou a casa"[23]. Há tantas pontes para a *independência* indicadas no ideal ascético que um filósofo não pode deixar de ouvir sem júbilo e aplauso interiores

---

20. Filipenses 4, 7.

21. Ironicamente.

22. Hermann Oldenberg, *Buddha. Sein Leben, seine Lehre, seine Gemeinde* [*Buda: sua vida, sua doutrina, sua comunidade*]. Berlin, Wilhelm Herz, 1881, p. 106.

23. *Ibid.*, p. 107.

a história de todos aqueles resolutos que um dia disseram *não* a toda privação de liberdade e se dirigiram a algum *deserto*: mesmo supondo que eram meramente asnos fortes e o oposto completo de um espírito forte. Sendo assim, o que significa o ideal ascético num filósofo? Minha resposta é – há muito já se terá adivinhado: ao vê-lo, o filósofo sorri para um ótimo de condições da mais elevada e mais ousada espiritualidade – com isso ele *não* nega "a existência", nisso ele afirma antes a *sua* existência e *apenas* a sua existência, e isso talvez ao ponto de não estar longe deste desejo sacrílego: *pereat mundus, fiat philosophia, fiat philosophus,* fiam!...[24]

8.

Vê-se que não são testemunhas e juízes insubornáveis acerca do *valor* do ideal ascético, esses filósofos! Eles pensam em *si* – que lhes interessa "o santo"! Nisso eles pensam no que *lhes* é justamente o mais imprescindível: estarem livres de coerção, perturbação, ruído, de negócios, deveres, preocupações; clareza na cabeça; dança, salto e voo dos pensamentos; um ar bom, rarefeito, claro, livre e seco como o ar das alturas, nas quais todo o ser animalesco se torna mais espiritual e ganha asas; sossego em todos os porões; todos os cães devidamente acorrentados; nenhum latido de hostilidade e rancor desordenado; nada de vermes roedores da ambição ferida; entranhas modestas e submissas, ativas como a maquinaria de um moinho, mas distantes; o coração, alheio, além, futuro, póstumo – em resumo, quando se trata do ideal ascético, eles pensam no ascetismo jovial de um animal divinizado e que aprendeu a voar, que

---

24. Pereça o mundo, faça-se a filosofia, faça-se o filósofo, *faça-se eu!* A expressão é uma paródia de *Fiat iustitia et pereat mundus!*, "Faça-se a justiça e pereça o mundo!".

mais paira sobre a vida do que nela descansa. Sabemos quais são as três grandes palavras ostentatórias do ideal ascético: pobreza, humildade, castidade: e agora observemos de perto a vida de todos os espíritos grandes, férteis e inventivos – sempre encontraremos as três até certo ponto. *De forma alguma*, é óbvio, como se fossem, talvez, as suas "virtudes" – o que essa espécie de homem tem a ver com virtudes! –, e sim como as mais verdadeiras e mais naturais condições de sua *melhor* existência, de sua *mais bela* fertilidade. Ao mesmo tempo, é bem possível que a sua espiritualidade dominante tenha precisado, antes de tudo, colocar rédeas a um orgulho indomável e irritável ou a uma sensualidade leviana, ou que tenha mantido a sua vontade de "deserto" com bastante dificuldade, talvez frente a uma tendência ao luxo e às coisas mais seletas, também frente a uma liberalidade esbanjadora da mão e do coração. Mas ela o fez precisamente na condição de instinto *dominante* que impôs suas exigências a todos os outros instintos – ela ainda o faz; se não o fizesse, simplesmente não dominaria. Nisso, portanto, não há nada de "virtude". O *deserto*, aliás, do qual falei há pouco, ao qual os espíritos fortes, de natureza independente, se retiram e no qual se isolam – oh, como é diferente do deserto com que sonham os homens cultivados! – pois às vezes eles próprios são o deserto, esses homens cultivados. E é certo que todos os atores do espírito simplesmente não o suportariam – para eles, esse deserto não é nem de longe romântico e sírio o bastante, não é nem de longe teatral o bastante! No entanto, nele também não faltam camelos: mas toda semelhança se limita a isso. Uma obscuridade voluntária, talvez; uma evitação de si próprio; um receio de ruído, veneração, jornal, influência; um pequeno ofício, um cotidiano, algo que mais oculta do que coloca na luz; uma convivência ocasional com bichos e aves inofensivos e divertidos, cuja visão descansa; montanhas por companhia, mas não montanhas mortas, e sim com *olhos* (isto é, com lagos); às vezes, inclusive um quarto numa hospedaria ordinária lotada, onde se está seguro de ser tomado por outra pessoa e se pode falar impunemente com todo mundo – isso é o que chamo aqui de "deserto": oh, ele é solitário o bastante, creiam-me! Quando Heráclito se retirou aos pátios e colunatas do imenso templo de Ártemis, esse "deserto" era mais digno, admito: por que nos *faltam* tais templos? (– talvez *não* nos faltem: acabo de pensar em meu mais belo quarto de estudo, a Piazza di San Marco[25], pressupondo a primavera, também a manhã, o horário entre as dez e o meio-dia). Mas aquilo de que Heráclito se esquivou ainda é o mesmo que *nós* evitamos agora: o ruído e a tagarelice democrática dos efésios, sua política, suas novidades do "império" (Pérsia, compreendem-me), sua tralha de feira de "hoje" – pois nós, filósofos, precisamos de sossego em primeiríssimo lugar frente a uma coisa: todo o "hoje". Veneramos as coisas silenciosas, frias, nobres, distantes, passadas, tudo aquilo, sobretudo, frente a cujo aspecto a alma não precisa se defender e se fechar – algo com que se possa falar sem falar *alto*. Prestemos atenção ao tom de um espírito quando fala: todo espírito tem o seu tom, gosta de seu tom. Aquele ali, por exemplo, deve ser um agitador, quer dizer, uma cabeça oca, caçarola oca: seja lá o que entrar nele, qualquer coisa sai surda e grossa, tornada pesada pelo eco do grande vazio. Aquele lá é raro que não fale roucamente: será que ficou rouco de *pensar*? Isso seria possível – pergunte-se aos fisiólogos –, mas quem pensa em *palavras*, pensa como orador e não como pensador (isso denuncia que no fundo ele não pensa objetos, não pensa objetivamente, mas apenas com relação a objetos, que na verdade ele pensa *a si* e a seus ouvintes). Aquele terceiro ali fala de maneira importuna, aproxima-se

---

25. Praça de Veneza.

demais de nós, sua respiração nos bafeja – fechamos a boca involuntariamente, embora nos fale através de um livro: o tom de seu estilo esclarece a razão disso – que ele não tem tempo, que ele dificilmente acredita em si mesmo, que ele tem acesso à palavra hoje ou nunca mais. Um espírito seguro de si, no entanto, fala baixo; procura o recolhimento, deixa que o esperem. Reconhece-se um filósofo pelo fato de evitar três coisas reluzentes e barulhentas, a saber, a fama, os príncipes e as mulheres: o que não quer dizer que não venham até ele. Ele teme a luz clara demais: por isso teme seu tempo e o "dia" desse tempo. Nisso ele é como uma sombra: quanto mais o sol baixa, maior ele se torna. Quanto à sua "humildade", ele suporta, tal como suporta a escuridão, também uma certa dependência e obscurecimento: mais ainda, ele receia ser perturbado por raios, ele se intimida com a desproteção de uma árvore por demais isolada e abandonada, na qual qualquer mau tempo descarrega seus caprichos, na qual qualquer capricho descarrega seu mau tempo. Seu instinto "materno", o amor secreto ao que nele cresce, indica-lhe situações em que alguém lhe tira o peso de pensar *em si*; no mesmo sentido em que o instinto da *mãe* na mulher manteve até hoje a situação dependente da mulher em geral. No fim das contas, eles exigem bem pouco, esses filósofos; seu lema é "quem possui é possuído" –: *não*, como tenho de dizer de novo e de novo, em razão de uma virtude, em razão de uma vontade meritória de contentamento e simplicidade, e sim porque o seu senhor supremo *assim* exige deles, exige prudente e implacavelmente: o qual tem senso para uma só coisa e tudo – tempo, força, amor, interesse – reúne apenas para ela, tudo poupa apenas para ela. Essa espécie de homem não gosta de ser perturbada por inimizades, tampouco por amizades: eles esquecem ou desprezam facilmente. Parece-lhes de mau gosto fazer o papel de mártir; "*sofrer* pela verdade" – isso eles deixam aos ambiciosos e aos heróis de palco do espírito e a quem mais tiver tempo para tanto (– eles próprios, os filósofos, têm algo a *fazer* pela verdade). Eles fazem um uso parcimonioso de grandes palavras; diz-se que mesmo a palavra "verdade" lhes repugna: ela soa a fanfarronice... Por fim, quanto à "castidade" dos filósofos, essa espécie de espírito obviamente tem a sua fertilidade em algo diferente de filhos; talvez em algo diferente também a sobrevivência de seu nome, sua pequena imortalidade (de maneira ainda mais imodesta se dizia na Índia antiga entre filósofos: "Para que precisa de descendentes aquele cuja alma é o mundo?"[26]). Nisso não há nada de castidade devido a algum escrúpulo e ódio ascético aos sentidos, assim como não é castidade quando um atleta ou jóquei se abstém das mulheres: é o que quer o seu instinto dominante, pelos menos durante os períodos da grande gravidez. Todo artista conhece o efeito daninho do coito em estados de grande tensão e preparação intelectual; para os mais poderosos e dotados de maior segurança instintual, não é preciso fazer primeiro a experiência, a péssima experiência – mas é justamente o seu instinto "materno" que neste caso dispõe, sem considerações, de todos os estoques e suplementos de energia, do *vigor*[27] da vida animal em favor da obra em surgimento: a força maior *consome* então a menor. – Aliás, ajustemos o caso de Schopenhauer, acima discutido, a essa interpretação: evidentemente, a visão do belo agia nele como estímulo desencadeador sobre a *força principal* de sua natureza (a força da reflexão e do olhar aprofundado); de maneira que esta então explodia e se assenhoreava da consciência de um só golpe. Isso não deve excluir de forma alguma a possibilidade de que aquela

---

26. Paul Deussen, *Das System des Vedânta* [*O sistema do vedânta*]. Leipzig, Brockhaus, 1883, p. 211.
27. Em latim, com o mesmo sentido em português.

doçura e plenitude peculiares, próprias do estado estético, possam se originar precisamente do ingrediente da "sensualidade" (tal como provém da mesma fonte aquele "idealismo" próprio das moças núbeis) – que, portanto, a sensualidade não seja suprimida quando se entra no estado estético, como Schopenhauer acreditava, mas apenas se transfigure e não entre mais na consciência sob a forma de estímulo sexual. (Voltarei a esse ponto de vista em outra ocasião, em conexão com problemas ainda mais delicados da *fisiologia da estética*, até agora tão intocada, tão inexplorada.)

9.

Certo ascetismo, como vimos, uma dura e jovial renúncia feita com a melhor das vontades, está entre as condições favoráveis da mais elevada intelectualidade, também entre suas consequências mais naturais: assim, desde o princípio não causará admiração que o ideal ascético nunca tenha sido tratado sem alguma parcialidade justamente pelos filósofos. Quando se faz uma verificação histórica séria, o laço entre ideal ascético e filosofia se mostra inclusive ainda mais estreito e rigoroso. Seria possível dizer que a filosofia aprendeu a dar seus primeiros passos e passinhos sobre a Terra apenas nas *andadeiras* desse ideal – ah, ainda tão desajeitada, ah, com caras ainda tão aborrecidas, ah, tão pronta a cair e ficar deitada de barriga para baixo, essa pequena e tímida criatura trapalhona e molenga de pernas tortas! No início, passou-se com a filosofia o mesmo que com todas as coisas boas – por muito tempo elas não tinham coragem de ser elas próprias, olhavam sempre em volta para ver se alguém as ajudaria e, mais que isso, tinham medo de todos que as olhavam. Enumeremos por ordem cada um dos impulsos e cada uma das virtudes do filósofo – seu impulso de duvidar, seu impulso de negar, seu impulso de esperar (impulso "efético"[28]), seu impulso analítico, seu impulso de investigar, buscar e arriscar, seu impulso de comparar e equiparar, sua vontade de neutralidade e objetividade, sua vontade de todo "sine *ira et studio*"[29] –: será que já se compreendeu que todos eles, durante o mais longo tempo, se opuseram às exigências mais elementares da moral e da consciência? (para não falar da *razão* como tal, que Lutero ainda gostava de chamar de Dona Espertalhona, a puta astuta). Que um filósofo, caso *tivesse* tomado consciência de si, deveria verdadeiramente ter se sentido como o "*nitimur in* vetitum"[30] em pessoa – e, por conseguinte, *se resguardava* de "sentir-se", de tomar consciência de si?... Não é diferente, como foi dito, com todas as coisas boas de que hoje nos orgulhamos; mesmo se mensurado com a medida dos antigos gregos, todo o nosso ser moderno, quando não é fraqueza, e sim poder e consciência de poder, tem ares de pura húbris[31] e impiedade: pois exatamente as coisas contrárias às que hoje veneramos tiveram durante o mais longo tempo a consciência do seu lado e Deus como seu guardião. Húbris é hoje toda a nossa atitude em relação à natureza, nossa violação da natureza com a ajuda das máquinas e da inventividade, tão destituída de hesitações, dos técnicos e dos engenheiros; húbris é nossa atitude em relação a Deus, quer dizer, em relação a alguma suposta aranha finalística e moralística por trás da grande teia-rede da causalidade – poderíamos dizer como Carlos, o

---

28. Referente à suspensão do julgamento; na Antiguidade, epíteto distintivo da escola cética de filósofos.

29. *Sem* cólera nem favor (Tácito, *Anais* 1, 1).

30. Almejamos o *proibido* (Ovídio, *Amores* 3, 4, 17).

31. Do grego ὕβρις, "desmedida", "orgulho", "arrogância", "atrevimento".

Temerário, em luta com Luís XI[32], "*je combats l'universelle araignée*"[33] –; húbris é nossa atitude em relação a *nós* – pois fazemos experimentos conosco mesmos que não nos permitiríamos fazer com animal algum, incisando a alma contente e curiosamente com o corpo ainda vivo: que ainda nos importa a "salvação" da alma! Em seguida curamos a nós mesmos: estar doente é instrutivo, não duvidamos disso, ainda mais instrutivo do que estar com saúde – os *adoecedores* nos parecem hoje inclusive mais necessários do que quaisquer curandeiros e "salvadores". Violentamo-nos agora a nós mesmos, não há dúvida, nós, quebra-nozes da alma, nós, questionadores e questionáveis, como se viver não fosse outra coisa senão quebrar nozes; justamente assim temos de nos tornar necessariamente todos os dias cada vez mais questionáveis, *mais dignos* de questionar – justamente assim, talvez, também mais dignos – de viver?... Todas as coisas boas foram outrora coisas ruins; cada pecado original se transformou numa virtude original. O casamento, por exemplo, pareceu por longo tempo ser um atentado aos direitos da comunidade; no passado, pagava-se penitência por ser tão imodesto e arrogar-se a posse de uma mulher (entra aí, por exemplo, o *jus primae noctis*[34], ainda hoje no Camboja o privilégio dos sacerdotes, esses mantenedores dos "velhos e bons costumes"). Os sentimentos delicados, benevolentes, condescendentes e compassivos – que pouco a pouco atingiram valor tão alto que quase são "os valores em si" – tiveram durante longuíssimo tempo contra si precisamente o autodespre-

---

32. Carlos, o Temerário (1433-1477): duque da Burgúndia a partir de 1467; Luís XI (1423-1483): rei da França a partir de 1461.

33. Combato a aranha universal.

34. "Direito à primeira noite." Direito (atestado ocasionalmente na Idade Média) que tinha um senhor feudal de passar a primeira noite com a mulher de um servo recém-casado.

zo: tinha-se vergonha da suavidade assim como hoje se tem vergonha da dureza (ver *Além do bem e do mal*, seção 260). A submissão ao *direito*: – oh, com que resistências de consciência as linhagens nobres renunciaram por toda parte na Terra à vendeta e admitiram a força do direito sobre elas! O "direito" foi por longo tempo um *vetitum*[35], uma afronta, uma inovação; ele surgiu com violência, *como* violência à qual a pessoa se sujeitava apenas com vergonha de si mesma. No passado, cada mínimo passo na Terra foi conquistado com martírios intelectuais e físicos: todo esse ponto de vista "de que não apenas o avançar, não!, o caminhar, o movimento, a mudança precisaram de seus inúmeros mártires" soa-nos precisamente hoje tão estranho – eu o trouxe à luz em *Aurora*, seção 18. "Nada foi comprado a preço mais alto," consta também aí, "do que o pouco de razão humana e de sentimento de liberdade que agora são o nosso orgulho. Porém, é esse orgulho que agora nos torna quase impossível considerar aquelas imensas eras da 'moralidade do costume' que precederam a 'história universal' como a verdadeira e decisiva história capital que estabeleceu o caráter da humanidade: eras em que vigoravam por toda parte o sofrimento como virtude, a crueldade como virtude, a dissimulação como virtude, a vingança como virtude, a negação da razão como virtude; em compensação, o bem-estar como perigo, o desejo de conhecimento como perigo, a paz como perigo, a compaixão como perigo, o ser objeto de compaixão como vergonha, o trabalho como vergonha, a loucura como algo divino, a *mudança* como o imoral e o prenhe de ruína em si!" –

10.

No mesmo livro, na seção 42, apresenta-se em qual avaliação, sob qual *pressão* de avaliação tinha de viver a

---

35. Proibição.

linhagem mais antiga de homens contemplativos – desprezada exatamente no mesmo grau em que não era temida! A contemplação apareceu de início sobre a Terra sob uma aparência disfarçada, sob um aspecto ambíguo, com um coração mau e muitas vezes uma cabeça apavorada: não há dúvida quanto a isso. O que há de inativo, meditabundo e não guerreiro nos instintos dos homens contemplativos estendeu por longo tempo uma profunda desconfiança em torno deles: contra isso não houve outro remédio senão despertar resolutamente o *medo* de si. E os velhos brâmanes, por exemplo, entendiam disso! Os filósofos mais antigos sabiam dar à sua existência e aparência um sentido, uma solidez e um pano de fundo em vista dos quais se aprendeu a *temê-los*: ponderando mais exatamente, devido a uma necessidade ainda mais fundamental, isto é, para obter medo e respeito diante de si mesmos. Pois encontraram dentro deles todos os juízos de valor voltados *contra* si próprios, tiveram de derrotar toda espécie de suspeita e resistência contra "o filósofo dentro de si". Como homens de uma época terrível, eles fizeram isso com meios terríveis: a crueldade contra si mesmos, a inventiva automortificação – esse foi o recurso capital desses ermitões e inovadores do pensamento sedentos de poder, que primeiro precisavam violentar os deuses e a tradição dentro de si mesmos para conseguirem *acreditar* eles próprios em sua inovação. Recordo a famosa história do rei Vixvamitra[36], que, depois de um milênio de suplícios autoinfligidos, adquiriu tal sentimento de poder e tal confiança em si que empreendeu a construção de um *novo céu*: o símbolo sinistro da mais antiga e da mais recente história dos filósofos na Terra – todo aquele que em algum momento construiu um "novo céu" somente encontrou o poder para isso em seu *próprio inferno*... Resumamos

---

36. Asceta e filósofo mencionado no terceiro livro dos *Vedas*, o conjunto de textos fundamentais da cultura indiana.

todo o estado de coisas em fórmulas concisas: de início, o espírito filosófico sempre teve de se disfarçar e se mascarar nos tipos *anteriormente estabelecidos* do homem contemplativo, como sacerdote, mago, adivinho, sobretudo como homem religioso para, numa medida qualquer, apenas *ser possível*: *o ideal ascético* serviu ao filósofo por longo tempo como forma exterior, como pressuposto de sua existência – ele teve de *representá-lo* para poder ser filósofo, teve de *acreditar* nele para poder representá-lo. A atitude apartada dos filósofos, peculiarmente negadora do mundo, hostil à vida, descrente nos sentidos e dessensualizada que foi mantida até a época mais recente e, com isso, quase adquiriu o prestígio de *atitude dos filósofos em si* – ela é sobretudo uma consequência do estado calamitoso das condições sob as quais a filosofia em geral surgiu e subsistiu: razão pela qual, durante longuíssimo tempo, a filosofia *absolutamente não teria sido possível* na Terra sem um envoltório e um disfarce ascéticos, sem um mal-entendido ascético quanto a si mesma. Expressando de maneira clara e evidente: até a época mais recente, o *sacerdote ascético* fez o papel da repugnante e sombria forma de lagarta sob a qual, unicamente, a filosofia pôde viver e rastejar por aí... Será que isso realmente *mudou?* O multicolorido e perigoso animal alado que essa lagarta ocultava dentro de si, aquele "espírito", foi afinal, graças a um mundo mais ensolarado, mais quente e mais esclarecido, realmente liberto de seu casulo e solto na luz? Já existe hoje suficiente orgulho, arrojo, valentia, autoconfiança, vontade de espírito, vontade de responsabilidade, *liberdade da vontade* para que doravante sobre a Terra "o filósofo" seja realmente – *possível?*...

11.

Apenas agora, depois de termos avistado o *sacerdote ascético*, atacamos seriamente o nosso problema: o que significa o ideal ascético? – apenas agora a coisa fica "séria": daqui por diante, temos à nossa frente o verdadeiro *representante da seriedade*. "O que significa toda a seriedade?" – esta questão ainda mais fundamental talvez já desponte aqui sobre nossos lábios: uma questão para fisiólogos, como é justo, mas da qual por ora ainda nos esquivamos. O sacerdote ascético tem naquele ideal não apenas sua crença, mas também sua vontade, seu poder, seu interesse. Seu *direito* à existência começa e termina com aquele ideal: como admirar que topemos aqui com um terrível oponente, supondo, é claro, que fôssemos os oponentes desse ideal? Um oponente tal que, por sua existência, lute com os negadores desse ideal?... Por outro lado, desde o início não é provável que uma atitude de tal forma interessada em relação a nosso problema possa beneficiá-lo de modo especial; dificilmente o próprio sacerdote ascético será o mais feliz defensor de seu ideal, devido à mesma razão pela qual uma mulher costuma fracassar quando quer defender "a mulher em si" – muito menos o avaliador e juiz mais objetivo da controvérsia aqui incitada. Assim, mais do que temer sermos refutados bem demais por ele, ainda teremos de ajudá-lo – isso já é evidente agora – a se defender bem de nós... O pensamento que aqui é alvo de disputa é a *valoração* de nossa vida por parte dos sacerdotes ascéticos: esta (junto com o que lhe diz respeito, a "natureza", o "mundo", toda a esfera do devir e da transitoriedade) é relacionada por eles com uma existência inteiramente diferente, frente à qual ela se comporta de maneira conflitante e excludente, *a não ser* que se volte contra si mesma, *negue a si mesma*: nesse caso, o caso de uma vida ascética, a vida é considerada uma ponte para aquela outra existência. O asceta trata a vida como um caminho errado pelo qual, por fim, se precisa retornar até lá onde começa; ou como um erro que se refuta mediante a ação – que se *deveria* refutar: pois ele *exige* que se vá com ele, ele força, onde pode, a *sua* valoração da existência. O que significa isso? Tal modo monstruoso de valorar não está inscrito na história do homem como um caso excepcional e uma curiosidade: ele é um dos mais amplos e mais prolongados fatos que existem. Lida de uma estrela distante, talvez a escrita em maiúsculas de nossa existência terrena pudesse seduzir à conclusão de que a Terra é o verdadeiro *astro ascético*, um rincão de criaturas descontentes, orgulhosas e repugnantes que absolutamente não conseguem se livrar de um profundo desgosto consigo mesmas, com a Terra, com toda a vida e que machucam a si mesmas o quanto for possível pelo prazer de machucar: – talvez o seu único prazer. Consideremos, afinal, como o sacerdote ascético se manifesta de modo regular, universal, em quase todas as épocas; ele não pertence a uma única raça; ele prospera por toda parte; ele cresce em todas as classes. Não que ele porventura cultivasse e propagasse seu modo de valorar através da hereditariedade: o contrário é o caso – antes um profundo instinto o proíbe, de um modo geral, de se reproduzir. Deve ser uma necessidade de primeira categoria que faz com que essa espécie *hostil à vida* cresça e prospere repetidamente – deve ser talvez por um *interesse da própria vida* que um tal tipo da autocontradição não se extinga. Pois uma vida ascética é uma autocontradição: aqui impera um ressentimento sem igual, o de um insaciado instinto e vontade de poder que gostaria de se tornar senhor não de algo da vida, mas da própria vida, de suas condições mais profundas, mais fortes, mais básicas; aqui se faz uma tentativa de utilizar a força para obstruir as fontes da força; aqui o olhar se dirige verde e pérfido contra o próprio medrar fisiológico, em especial contra sua expressão, a beleza, a alegria; enquanto se sente e se *busca* um prazer no malogro, no definhamento, na dor, no infortúnio, no feio, no dano voluntário, na dessimesmação, autoflagelação, autossacrifício. Tudo isso é paradoxal em grau extremo: estamos aqui diante de uma discrepância que se *quer* discrepante a si mesma, que se *deleita* consigo mesma nesse sofrimento e inclusive se torna cada vez mais segura de si e mais triunfante à medida que seu próprio pressuposto, a aptidão fisiológica para a vida, *diminui*. "O triunfo precisamente na última agonia": sob esse signo superlativo lutou desde sempre o ideal ascético; nesse enigma de sedução, nessa imagem de encanto e tormento ele reconheceu sua luz mais clara, sua salvação, sua vitória final. *Crux, nux, lux*[37] – nele, isso é uma coisa só. –

12.

Supondo que tal vontade encarnada de contradição e antinatureza seja levada a *filosofar*: no que descarregará sua mais íntima arbitrariedade? Naquilo que com toda a segurança seja sentido como verdadeiro, como real: ela buscará o *erro* justamente ali onde o genuíno instinto vital estabelece a verdade do modo mais incondicional. Ela degradará a corporalidade, por exemplo, como fizeram os

---

37. Cruz, noz, luz. Essa "noz" talvez aluda à expressão *eine harte Nuss*, "uma dura noz", que designa uma tarefa difícil ou um grande problema. Ver acima, na seção 9, os "quebra-nozes da alma". Da mesma forma, um esboço de título de 1885 (fragmento 34[172] de abril-junho): *Nux et crux: uma filosofia para dentes bons*. Além disso, um trecho de uma carta de Nietzsche ao pintor e escritor Reinhart von Seydlitz-Kurzbach (1850-1931), datada de 13 de setembro de 1888: "No final do ano publicarei mais um texto, que apresenta minha filosofia em sua tripla qualidade de *lux, nux* e *crux*. Ele se chama, com toda graça e virtude, *Ociosidade de um psicólogo*". (Nietzsche refere-se ao livro que acabou sendo publicado sob o título de *O crepúsculo dos ídolos ou Como se filosofa com o martelo*.)

ascetas da filosofia vedanta[38], à categoria de ilusão, e, da mesma forma, a dor, a multiplicidade, a inteira oposição conceitual entre "sujeito" e "objeto" – erros, nada mais que erros! Recusar a crença em seu eu, negar a si mesmo sua "realidade" – que triunfo! – já não mais meramente sobre os sentidos, sobre a aparência, mas um tipo de triunfo muito mais elevado, uma violação e uma crueldade cometidas contra a *razão*: uma volúpia que chega ao ápice quando o autodesprezo, o autoescárnio ascético da razão decreta: "*há um reino da verdade e do ser, mas precisamente a razão está excluída dele!*"... (Dito de passagem: mesmo no conceito kantiano do "caráter inteligível das coisas" ficou algo dessa discrepância lúbrica de ascetas que gosta de voltar a razão contra a razão: pois em Kant o "caráter inteligível" significa um tipo de constituição das coisas do qual o intelecto apenas compreende que ele é para o intelecto – *inteiramente incompreensível*.) – Não sejamos por fim, precisamente na condição de conhecentes, ingratos para com tais inversões resolutas das perspectivas e valorações usuais com que o espírito se enraiveceu consigo mesmo por tempo demais de maneira aparentemente afrontosa e inútil: ver alguma vez dessa forma diferente, *querer* ver dessa forma diferente é um cultivo e preparo nada pequeno do intelecto para sua futura "objetividade" – não compreendida esta última como "contemplação desinteressada" (o que é um anticonceito e um contrassenso), e sim como a faculdade de *ser senhor* de seus prós e contras e suspendê-los e aplicá-los: de modo que saibamos tornar útil ao conhecimento precisamente a *diversidade* das perspectivas e das interpretações de afetos. Isto é, resguardemo-nos me-

---

38. Sistema filosófico surgido por volta do século VI a.C., caracterizado pela suposição de que o indivíduo, para alcançar a sua libertação final (*mocsa*), deve superar a ilusão (*maia*) de que vive em um mundo material e múltiplo, compreendendo o seu pertencimento à realidade original, única e absoluta (*brâman*).

lhor daqui por diante, meus senhores filósofos, da perigosa e velha fabulação conceitual que estabeleceu um "sujeito puro do conhecimento, sem vontade, que não sente dor e é atemporal", resguardemo-nos dos tentáculos de conceitos contraditórios tais como "razão pura", "espiritualidade absoluta", "conhecimento em si": – aqui sempre se exige pensar num olho que absolutamente não pode ser pensado, um olho que não deve ter absolutamente qualquer direção, no qual devem ser cortadas, devem faltar as forças ativas e interpretativas mediante as quais, unicamente, a visão se torna a visão de algo; aqui sempre se exige, portanto, um olho que é um contrassenso e um anticonceito. Há *apenas* uma visão perspectivística, *apenas* um "conhecer" perspectivístico; e *quanto mais* afetos permitirmos que tomem a palavra acerca de uma coisa, *quanto mais* olhos, olhos diferentes conseguirmos mobilizar para a mesma coisa, tão mais completo será nosso "conceito" dessa coisa, nossa "objetividade". No entanto, eliminar realmente a vontade, suspender os afetos sem exceção, supondo que o conseguíssemos: como? Isso não significaria *castrar* o intelecto?...

13.

Mas retornemos. Uma autocontradição tal como a que parece se apresentar no asceta, "vida *contra* vida", é – coisa evidente antes de tudo – simplesmente um absurdo quando considerada em termos fisiológicos e não mais psicológicos. Ela pode ser apenas *aparente*; deve ser uma espécie de expressão provisória, uma interpretação, uma fórmula, uma acomodação, um mal-entendido psicológico de algo cuja verdadeira natureza não pôde ser compreendida por muito tempo, não pôde ser designada *em si* por muito tempo – uma mera palavra, metida numa velha *lacuna* do conhecimento humano. A isso, contraponho sumariamente os fatos: *o ideal ascético se origina do instinto de proteção e salvaguarda de uma vida degenerante* que busca se segurar por todos os meios e luta por sua existência; ele indica um bloqueio e cansaço fisiológico parcial, contra o qual os instintos mais profundos da vida, que ficaram intactos, lutam sem cessar usando novos meios e invenções. O ideal ascético é um desses meios: ou seja, as coisas são exatamente o contrário do que imaginam os veneradores desse ideal – nele e através dele a vida luta com a morte e *contra* a morte, o ideal ascético é uma artimanha na *conservação* da vida. Que ele pudesse imperar sobre o homem e dominá-lo ao ponto como a história ensina, em especial por toda parte em que a civilização e o amansamento do homem foram impostos, nisso se expressa um grande fato, a *morbidez* do tipo humano até agora existente, pelo menos do homem amansado, a luta fisiológica do homem com a morte (mais exatamente: com o fastio da vida, com o cansaço, com o desejo do "fim"). O sacerdote ascético é o desejo encarnado de ser diferente, de estar em outro lugar, e o grau máximo desse desejo, seu verdadeiro fervor e paixão: mas justamente o *poder* de seu desejar é a corrente que o prende aqui, justamente com isso ele se transforma numa ferramenta que precisa trabalhar na criação de condições mais favoráveis para a existência aqui e enquanto ser humano – justamente com esse *poder* ele mantém aferrado à existência, indo instintivamente à sua frente como pastor, todo o rebanho dos malogrados, descontentes, mal-aquinhoados, desventurados e doentes de si mesmos de todo tipo. Já me compreendem: esse sacerdote ascético, esse aparente inimigo da vida, esse *negador* – precisamente ele está entre as maiores forças *conservadoras* e *criadoras de sins* da vida... Essa morbidez, do que ela depende? Pois o homem é mais doente, mais inseguro, mais variável, mais indeterminado do que qualquer outro animal, disso não há dúvida – ele é *o* animal doente: donde vem isso?

Certamente ele também ousou, inovou, resistiu e desafiou o destino mais que todos os outros animais juntos: ele, o grande experimentador consigo mesmo, o insatisfeito, insaciado, que luta pelo domínio final com os animais, a natureza e os deuses – ele, o ainda invicto, o eternamente futuro, que não encontra mais sossego de sua própria força impulsora, de modo que seu futuro revolve a carne de todo presente de forma implacável como uma espora: – como um animal corajoso e rico como esse não deveria ser também o mais ameaçado, o mais demorada e profundamente doente entre todos os animais doentes?... O homem está farto, muitas vezes, há epidemias inteiras dessa saciedade (– por exemplo, em torno de 1348, na época da dança dos mortos[39]): mas mesmo esse nojo, esse cansaço, esse tédio consigo mesmo – tudo sai dele com tamanha intensidade que logo se torna uma nova corrente. Seu não, que ele diz à vida, traz à luz, como que por um encanto, uma plenitude de mais delicados sins; até quando ele se *fere*, esse mestre da destruição, da autodestruição – é o próprio ferimento que depois o força *a viver*...

14.

Quanto mais normal a morbidez do homem – e não podemos contestar essa normalidade –, tanto mais deveríamos respeitar os raros casos de vigor anímico-físico, os *casos felizes* do ser humano, com rigor tanto maior deveríamos resguardar os bem-logrados do pior dos ares, o ar dos doentes. Isso é feito?... Os doentes são o maior perigo para os sadios; *não* é dos mais fortes que vem a desgraça para os fortes, e sim dos mais fracos. Sabe-se disso?... Num

---

39. Dança alegórica medieval, encenada em claustros e cemitérios, na qual se representava a morte arrastando consigo pessoas de todas as idades e condições; dança macabra.

cálculo geral, não é de forma alguma o medo do homem cuja diminuição se deveria desejar: pois esse medo obriga os fortes a serem fortes e, às vezes, terríveis – ele mantém *de pé* o tipo bem-logrado de homem. O que cabe temer, o que age fatalmente como nenhuma outra fatalidade, não seria o grande medo, e sim o grande *nojo* do homem; da mesma forma, a grande *compaixão* pelo homem. Supondo que esses dois um dia acasalassem, inevitavelmente viria logo ao mundo uma coisa das mais sinistras, a "última vontade" do homem, sua vontade de nada, o niilismo. E, de fato: há muitas coisas preparadas para isso. Quem não cheira apenas com o nariz, mas também com os olhos e os ouvidos, fareja, por quase toda parte onde hoje colocar o pé, algo como ar de hospício, ar de hospital – falo, claro está, dos âmbitos culturais do homem, de todo tipo de "Europa" que se forma pouco a pouco na Terra. Os *mórbidos* são o grande perigo para o homem: *não* os maus, *não* os "animais de rapina". Os desventurados, derrotados e alquebrados desde o princípio – são eles, são os *mais fracos* que mais minam a vida entre os seres humanos, os que mais perigosamente envenenam e colocam em questão nossa confiança na vida, no homem, em nós. Onde escaparíamos dele, desse olhar encoberto, do qual se leva junto uma profunda tristeza, desse olhar, voltado para trás, do disforme desde o princípio, que denuncia como um homem desses fala consigo mesmo – desse olhar que é um suspiro? "Como eu queria ser outra pessoa qualquer!", assim suspira esse olhar: "mas não há esperança alguma. Sou quem sou: como me livraria de mim mesmo? E, no entanto – *estou farto de mim!*"... Em tal solo de autodesprezo, um verdadeiro solo pantanoso, cresce toda espécie de erva daninha, de planta venenosa, e tudo tão pequeno, tão escondido, tão vil, tão adocicado. Aqui pululam os vermes dos sentimentos de vingança e dos ressentimentos; aqui o ar fede a segredinhos e coisinhas inconfessáveis; aqui se tece sem cessar a teia da conspiração mais maldosa – a conspiração dos sofredores contra os bem-logrados e vitoriosos, aqui se *odeia* o aspecto do vitorioso. E que mendacidade em não admitir esse ódio como ódio! Que dispêndio de grandes palavras e atitudes, que arte da calúnia "íntegra"! Esses malogrados: que nobre eloquência brota de seus lábios! Quanta resignação açucarada, pegajosa e humilde boia em seus olhos! O que querem, afinal? Pelo menos *representar* a justiça, o amor, a sabedoria, a superioridade – essa é a ambição desses "baixíssimos", desses doentes! E como tal ambição torna habilidoso! Admire-se sobretudo a habilidade de moedeiros falsos com que aqui se imita o cunho da virtude, inclusive o tilintar, o tilintar de ouro da virtude. Agora eles se apropriaram inteiramente da virtude, esses fracos e incuravelmente mórbidos, não há dúvida: "apenas nós somos os bons, os justos", é assim que falam, "apenas nós somos os *homines bonae voluntatis*"[40]. Eles vagueiam entre nós como censuras em carne e osso, como advertências para nós – como se a saúde, a condição bem-lograda, a força, o orgulho, o sentimento de poder já fossem em si coisas viciosas, pelas quais se teria de pagar um dia, pagar amargamente: oh, como no fundo eles mesmos estão prontos a *fazer* pagar, como têm sede de ser *carrascos!* Entre eles, há uma abundância de criaturas vingativas disfarçadas de juízes, que constantemente têm na boca a palavra "justiça" como um cuspo venenoso, sempre fazendo bico, sempre prontos a cuspir em todos os que não olham com insatisfação e seguem seu caminho de bom ânimo. Entre eles tampouco falta aquela espécie nojentíssima dos vaidosos, os abortos mendazes que aspiram representar "belas almas"[41] e levam ao mercado sua

---

40. Homens de boa vontade.
41. Expressão que já fora empregada com certa ironia por Goethe no romance *Os anos de aprendizado de Wilhelm Meister*, capítulo VI, "Confissões de uma bela alma", em que uma personagem feminina descreve o seu "caminho para a virtude".

sensualidade estropiada, por exemplo, enrolada em versos e outros panos, como se fosse "pureza de coração": a espécie dos onanistas e "autossatisfazedores"[42] morais. A vontade dos doentes de representar uma forma *qualquer* de superioridade, seu instinto para atalhos que levem a uma tirania sobre os sãos – onde não seria encontrada, essa vontade de poder típica justamente dos mais fracos! A mulher doente, em especial: ninguém a supera em refinamentos para dominar, oprimir, tiranizar. Para isso, a mulher doente não poupa nada que esteja vivo, nada que esteja morto, ela desenterra as coisas mais enterradas (os bogos dizem: "a mulher é uma hiena"[43]). Veja-se o pano de fundo de toda família, toda corporação, toda comunidade: por toda parte, a luta dos doentes contra os sãos – na maioria das vezes, uma luta silenciosa que usa pequenas porções de pó venenoso, alfinetadas, uma pérfida cara de mártir, mas, às vezes, também aquele farisaísmo dos gestos *ruidosos*, próprio dos doentes, que prefere fazer o papel de "nobre indignação". Até nos aposentos consagrados da ciência é possível ouvir o rouco latido de indignação dos cães mórbidos, a mendacidade e a fúria mordazes de tais "nobres" fariseus (– a leitores que têm ouvidos, recordo mais uma vez aquele apóstolo da vingança berlinense, Eugen Dühring, que na Alemanha atual faz o mais indecente e mais repugnante uso de estrondos morais: Dühring, o primeiro fanfarrão da moral agora existente, mesmo entre seus iguais, os antissemitas). São todos eles homens do ressentimento, esses fisiologicamente desventurados e carunchosos, todo um solo que treme de vingança subterrânea, inesgotável,

---

42. Tradução ultraliteral de *Selbstbefriediger*, um eufemismo para "masturbador".

43. Werner Munziger, *Ueber die Sitten und das Recht der Bogos* [*Sobre os costumes e o direito dos bogos*]. Winterthur: Wurster, 1859, p. 60. Os bogos são um povo camítico de pastores do norte da África.

insaciável em erupções contra os felizes e também em mascaradas da vingança, em pretextos para a vingança: quando chegariam verdadeiramente a seu derradeiro, mais sutil e mais sublime triunfo da vingança? Sem dúvida, quando conseguissem *meter na consciência* dos felizes a sua própria desgraça, toda a desgraça em geral: de modo que estes um dia começassem a se envergonhar de sua felicidade e talvez dissessem entre si: "É uma vergonha ser feliz! *Há desgraça demais!*"... Mas não poderia haver qualquer mal-entendido maior e mais funesto do que se os felizes, os bem-logrados, os poderosos de corpo e alma começassem a duvidar dessa forma de seu *direito à felicidade*. Fora com esse "mundo invertido"! Fora com esse vergonhoso amolecimento da sensibilidade! Que os doentes *não* adoeçam os sãos – e um tal amolecimento seria isso –, tal deveria ser o ponto de vista supremo na Terra: – mas para isso é preciso, antes de qualquer coisa, que os sãos fiquem *separados* dos doentes, inclusive protegidos do aspecto dos doentes; que não se confundam com os doentes. Ou porventura seria tarefa sua serem enfermeiros ou médicos?... Mas não haveria pior maneira de não compreender e renegar a *sua* tarefa – o que é superior não *deve* se rebaixar à categoria de instrumento do que é inferior, o *pathos* da distância também *deve* manter as tarefas separadas por toda a eternidade! Seu direito de existir, a prerrogativa do sino de som pleno frente ao sino dissonante e rachado é afinal mil vezes maior: apenas os sãos são os *fiadores* do futuro, apenas eles estão *comprometidos* com o futuro do homem. O que *eles* podem, o que *eles* devem, isso os doentes nunca deveriam ser permitidos de poder e dever: mas *para que* possam o que só *eles* devem, como ainda teriam a liberdade de fazer o papel de médico, de consolador, de "salvador" dos doentes?... E, por isso, ar bom! Ar bom! E distância, em todo caso, de todos os hospícios e hospitais da cultura! E, por isso, boa companhia, *nossa* companhia! Ou solidão, se necessário for! Mas distância, em todo caso, dos vapores deletérios da corrupção interior e da oculta carcoma de doentes!... Ou seja, para que nós mesmos, meus amigos, pelo menos ainda nos defendamos por algum tempo contra as duas piores epidemias que podem estar guardadas precisamente para nós – contra o *grande nojo do homem!* Contra a *grande compaixão pelo homem!*...

15.

Caso se tenha compreendido em toda a profundidade – e exijo que justamente aqui se *apreenda a fundo*, se compreenda a fundo – em que medida cuidar de doentes, restabelecer doentes simplesmente *não* pode ser a tarefa dos sãos, também se terá compreendido mais uma necessidade – a necessidade de médicos e enfermeiros *que sejam eles próprios doentes*: e doravante temos e seguramos com ambas as mãos o sentido do sacerdote ascético. Temos de considerar o sacerdote ascético como o salvador, pastor e defensor predestinado do rebanho doente: só assim entendemos a sua imensa missão histórica. Seu império é o *domínio sobre os sofredores*, seu instinto aponta para esse domínio, nele ele tem a sua arte mais própria, sua mestria, sua espécie de felicidade. Ele próprio tem de ser doente, tem de ser radicalmente aparentado aos doentes e mal-aquinhoados para entendê-los – para se entender com eles; mas também tem de ser forte, ainda mais senhor de si do que dos outros, especialmente intacto em sua vontade de poder para ter a confiança e o temor dos doentes, para que possa ser-lhes amparo, resistência, apoio, coação, disciplinador, tirano, deus. Cabe-lhe defender esse seu rebanho – contra quem? Contra os sãos, não há dúvida, também contra a inveja em relação aos sãos; ele tem de ser o adversário *e desprezador* natural de toda saúde e pujança bruta, tempestuosa, desenfreada, dura, violento-predatória. O sacerdote é a primeira forma do animal *mais delicado*, que mais facilmente despreza do que odeia. Não lhe será poupado guerrear com os animais de rapina, uma guerra da astúcia (do "espírito") mais do que da violência, como é óbvio – para isso, necessitará por vezes criar a partir de si quase um novo tipo de animal de rapina, pelo menos *representá-lo* – uma nova terribilidade animal, em que o urso polar, o ágil, frio e expectante gato-do-mato e não menos a raposa parecem ligados numa unidade tão atraente quanto aterradora. Supondo que seja forçado pela necessidade, ele se apresenta, por certo com uma seriedade de urso, de modo respeitável, prudente, frio, enganosamente superior, como arauto e porta-voz de forças misteriosas, entre as outras espécies de animais de rapina, decidido a semear nesse solo, onde puder, o sofrimento, a discórdia, a autocontradição e, por demais seguro de sua arte, a sempre se tornar senhor dos *sofredores*. Ele traz consigo unguentos e bálsamo, não há dúvida; para ser médico, no entanto, ele precisa antes ferir; ao então apaziguar a dor causada pela ferida, *ele a envenena ao mesmo tempo* – pois é disso, sobretudo, que ele entende, esse mago e domador de animais de rapina, ao redor de quem tudo o que é saudável necessariamente fica doente e tudo o que é doente necessariamente fica manso. Na verdade, ele defende muito bem o seu rebanho doente, esse estranho pastor – ele também o defende de si mesmo, contra a ruindade, a perfídia, a malevolência e o que mais for próprio de todos os achacados e doentes no trato mútuo e que arde às ocultas no próprio rebanho, ele luta prudente, dura e secretamente com a anarquia e com a autodissolução, sempre a começar, no interior do rebanho, no qual aquele perigosíssimo explosivo, o *ressentimento*, se acumula e acumula sem cessar. Descarregar esse explosivo de tal maneira que ele não exploda o rebanho e o pastor, esse é seu verdadeiro artifício, também a sua utilidade suprema; se quiséssemos expressar o valor da existência sacerdotal na fórmula mais sucinta, caberia dizer sem rodeios: o sacerdote é o *alterador de direção* do ressentimento. Pois todo sofredor busca instintivamente uma causa para seu sofrimento; mais exatamente, um perpetrador e, ainda mais precisamente, um perpetrador *culpado* capaz de sofrer – em suma, alguma coisa viva na qual possa descarregar seus afetos de forma violenta ou *in effigie*[44] sob um pretexto qualquer: pois a descarga de afeto é a maior tentativa de alívio, isto é, de *entorpecimento* do sofredor, seu narcótico involuntariamente desejado contra o tormento, seja ele de que tipo for. Somente aí se poderá encontrar, segundo minha suposição, a causalidade fisiológica real do ressentimento, da vingança e seus aparentados, num desejo, portanto, de *entorpecer a dor por meio do afeto*: – essa causalidade é geralmente buscada, de maneira muito errônea, segundo me parece, no contragolpe defensivo, uma mera medida preventiva de reação, um "movimento reflexo" no caso de algum dano e ameaça súbitos, do tipo que uma rã sem cabeça ainda executa para se livrar de um ácido corrosivo. Mas a diferença é fundamental: num caso se quer evitar mais danos; no outro, quer-se *entorpecer* uma dor torturante, secreta, que está se tornando insuportável, através de uma emoção mais forte de qualquer tipo, eliminando-a da consciência pelo menos momentaneamente – para isso se precisa de um afeto, um afeto o mais selvagem possível e, para incitá-lo, o primeiro pretexto que aparecer. "Alguém deve ser culpado por eu estar mal" – essa maneira de tirar conclusões é própria de todas as criaturas mórbidas, e isso quanto mais a verdadeira causa de seu mal-estar, a fisiológica, permanecer oculta (– ela pode estar, talvez, num adoecimento do *nervus sympathicus*,

---

44. Em imagem, isto é, figuradamente, simbolicamente.

ou numa secreção excessiva de bile, ou numa carência de sulfato e fosfato de potássio no sangue, ou em estados de opressão do baixo-ventre que congestionam a circulação sanguínea, ou na degeneração dos ovários etc.). Os sofredores são todos dotados de uma horrenda prontidão e inventividade nos pretextos para afetos dolorosos; eles já gozam sua suspeita, o cismar sobre maldades e aparentes prejuízos, eles reviram as entranhas de seu passado e seu presente em busca de histórias obscuras e questionáveis em que possam saborear uma suspeita torturante e intoxicar-se com seu próprio veneno de maldade – eles abrem as mais antigas feridas, sangram por cicatrizes que sararam há muito tempo, transformam em malfeitores o amigo, a mulher, o filho e quem mais lhes seja próximo. "Eu sofro: alguém deve ser culpado disso" – assim pensa toda ovelha doentia. Mas o seu pastor, o sacerdote ascético, lhe diz: "Está correto, minha ovelha! Alguém deve ser culpado por isso: mas tu mesma és esse alguém, tu mesma és a única culpada disso – *tu mesma és a única culpada de ti!*"... Isso é bastante ousado, bastante falso: mas com isso se consegue pelo menos uma coisa, com isso, como foi dito, a direção do ressentimento é – *mudada*.

16.

Agora se adivinha o que o instinto terapêutico da vida, segundo a minha ideia, pelo menos *tentou* por meio do sacerdote ascético e para que teve de lhe servir uma tirania temporária de conceitos paradoxais e paralógicos tais como "culpa", "pecado", "pecaminosidade", "corrupção", "condenação": tornar os doentes *inofensivos* até certo ponto, destruir os incuráveis através de si mesmos, dar severamente aos doentes brandos a direção rumo a si mesmos, uma direção retrocedente para seu ressentimento ("uma só coisa

é necessária" —[45]) e, dessa forma, *aproveitar* os instintos ruins de todos os sofredores para fins de autodisciplina, autovigilância e autossuperação. Com uma "medicação" desse tipo, uma mera medicação de afetos, isso simplesmente não pode se tratar, como é óbvio, de uma *cura* real de doentes no sentido fisiológico; não se deveria mesmo sequer afirmar que aí o instinto da vida planejou e pretendeu a cura de alguma maneira. Uma espécie de concentração e organização dos doentes de um lado (– a palavra "Igreja" é o nome mais popular para isso), uma espécie de salvaguarda provisória dos mais saudavelmente logrados, mais plenamente moldados do outro, a abertura, assim, de um *abismo* entre o que é saudável e o que é doente – isso foi tudo, por longo tempo! E foi muito! Foi *muitíssimo!*...
[Nesta dissertação, como se vê, parto de um pressuposto que, em vista de leitores como deles preciso, não necessito fundamentar primeiro: que a "pecaminosidade" do homem não é um fato, antes apenas a interpretação de um fato, a saber, uma indisposição fisiológica – esta última vista sob uma perspectiva religioso-moral que para nós não tem mais nada de obrigatório. – Com o fato de alguém se *sentir* "culpado", "pecador", simplesmente ainda não se provou que ele se sinta assim com razão; como tampouco se prova que alguém está saudável apenas porque se sente saudável. Recorde-se, afinal, os famosos processos por bruxaria: naquela época, os mais perspicazes e filantrópicos juízes não duvidavam que houvesse uma culpa aí; as "bruxas" *não duvidavam elas próprias disso* – e, no entanto, não havia culpa. – Exprimindo esse pressuposto de forma ampliada: não considero de forma alguma que a própria "dor da alma" seja um fato, e sim apenas uma interpretação (interpretação causal) de fatos que até agora não foi possível formular de maneira exata:

---

45. Lucas 10, 42.

assim, como algo que ainda paira inteiramente no ar e não tem obrigatoriedade científica – na verdade, apenas uma palavra gorda no lugar de uma interrogação que é até magríssima. Se alguém não dá conta de uma "dor da alma", isso, falando grosseiramente, *não* tem a ver com a sua "alma"; muito mais provavelmente, com a sua barriga (falando grosseiramente, como foi dito: o que não expressa de forma alguma o desejo de também ser ouvido grosseiramente, entendido grosseiramente...). Um homem forte e bem-logrado digere sua vivências (ações, perpetrações incluídas) tal como digere suas refeições, mesmo quando precisa engolir bocados difíceis. Se não "dá conta" de uma vivência, essa espécie de indigestão é tão fisiológica quanto aquela outra – e muitas vezes, de fato, apenas uma das consequências daquela outra. – Com tal concepção, seja dito entre nós, ainda se pode ser o adversário mais severo de todo materialismo...]

17.

Mas é ele verdadeiramente um *médico*, esse sacerdote ascético? – Já compreendemos em que medida mal é permitido chamá-lo de médico, por mais que ele próprio goste de se sentir como "salvador", de se deixar venerar como "salvador". Ele combate apenas o próprio sofrimento, o desprazer do sofredor, *não* a sua causa, *não* a verdadeira doença – essa é a nossa objeção mais fundamental à medicação sacerdotal. Porém, se nos colocarmos na perspectiva do sacerdote, tal como só ele a conhece e tem, não é fácil chegarmos ao termo de nosso espanto sobre tudo o que ele viu, buscou e encontrou a partir dela. A *atenuação* do sofrimento, o "consolar" de todo tipo – isso se mostra como o seu próprio gênio: quão inventivamente ele compreendeu a sua tarefa de consolador, quão inescrupulosa e ousadamente escolheu os meios para ela!

Poderíamos definir o cristianismo, em especial, como uma grande sala do tesouro repleta dos mais espirituosos meios de consolo, tantas são as coisas refrescantes, amenizadoras e narcotizantes nele acumuladas, tantas são as coisas perigosíssimas e audacíssimas que se ousou com esse fim, tão sutil, tão refinada, tão meridional-refinadamente ele adivinhou, em especial, com que afetos estimulantes se pode derrotar, pelo menos temporariamente, a depressão profunda, o cansaço plúmbeo, a negra tristeza das criaturas fisiologicamente inibidas. Pois, falando de modo geral: em todas as grandes religiões, tratava-se no essencial do combate de certo cansaço e pesadume que se transformara em epidemia. Pode-se estabelecer de antemão como provável que de tempos em tempos, em determinados lugares da Terra, um *sentimento fisiológico de inibição* deverá quase necessariamente dominar vastas massas, o qual, contudo, por falta de conhecimento fisiológico, não chega como tal à consciência, de maneira que sua "causa", seu remédio, também só possam ser buscados e tentados em termos psicológico-morais (– essa é a minha fórmula mais universal para o que geralmente é chamado de uma "*religião*"). Tal sentimento de inibição pode ter as mais diferentes origens: talvez como consequência do cruzamento de raças heterogêneas demais (ou de classes – classes também expressam sempre diferenças de origem e de raça: o "tédio da vida" europeu, o "pessimismo" do século XIX é no essencial a consequência de uma mistura de classes absurdamente repentina); ou condicionado por uma emigração falha – uma raça vai parar num clima para o qual a sua força adaptativa não basta (o caso dos indianos na Índia); ou a consequência da velhice e do cansaço da raça (o pessimismo parisiense a partir de 1850); ou de uma dieta equivocada (o alcoolismo da Idade Média; o absurdo dos *vegetarians*, que, no entanto, têm a seu favor a autoridade do fidalgo Christoph, em Shakespeare[46]); ou da corrupção do sangue, da malária, da sífilis e que tais (depressão alemã depois da Guerra dos Trinta Anos, que empestou metade da Alemanha com doenças graves e assim preparou o solo para o servilismo alemão, a pusilanimidade alemã). Em tal caso, sempre se tenta em grandíssimo estilo uma *luta com o sentimento de desprazer*; informemo-nos sucintamente sobre as suas práticas e formas mais importantes. (Deixo inteiramente de lado aqui, claro está, a verdadeira luta dos *filósofos* contra o sentimento de desprazer, que sempre costuma ocorrer ao mesmo tempo – ela é bastante interessante, mas absurda demais, indiferente demais em termos práticos, aranhosa e ociosa demais[47], como quando se pretende demonstrar que a dor é um erro, sob o pressuposto ingênuo de que a dor *deveria* sumir depois que se reconheceu o erro nela – mas veja só! Ela não faz menção de sumir...) *Em primeiro lugar*, combate-se aquele desprazer dominante através de meios que reduzem o sentimento vital em geral ao ponto mais baixo. Se possível, querer algum, desejo algum em absoluto; evitar tudo o que produz afetos, o que produz "sangue" (não comer sal: higiene de faquir); não amar; não odiar; equanimidade; não se vingar; não enriquecer; não trabalhar; mendigar; se possível, nenhuma mulher, ou tão pouca mulher quanto possível; no aspecto intelectual, o princípio de Pascal: "*il faut s'abêtir*"[48]. Resultado,

---

46. *Noite de Reis ou O que quiserdes*, ato 1, cena 3: "(...) mas sou um grande comedor de bife, e acredito que isso prejudica o meu humor" (fala de Sir Andrew Aguecheek, rebatizado na tradução alemã de August Wilhelm Schlegel como Christoph von Bleichenwang, "Cristóvão da Pálidabochecha").

47. Em alemão: *zu spinneweberisch und eckensteherhaft*. O primeiro adjetivo deriva-se de *Spinnwebe*, "teia de aranha"; o segundo, de *Eckensteher*, "ocioso de esquina".

48. É preciso embrutecer-se.

expresso em termos psicológico-morais: "dessimesmação", "santificação"; expresso em termos fisiológicos: hipnotização – a tentativa de alcançar para o ser humano algo que equivalha aproximadamente à *hibernação* de algumas espécies animais e à *estivação* de muitas plantas dos climas quentes, um mínimo de consumo e de metabolismo, no qual a vida ainda subsista por um triz sem propriamente entrar na consciência. Com esse objetivo se gastou uma quantidade espantosa de energia humana – em vão, talvez?... Que tais *sportsmen*[49] da "santidade", que abundam em todas as épocas, em quase todos os povos, tenham de fato encontrado uma salvação real daquilo que combatiam com um *training*[50] tão rigoroso, eis uma coisa da qual absolutamente não se pode duvidar – em inúmeros casos, eles realmente se *livraram* daquela profunda depressão fisiológica com a ajuda de seu sistema de meios hipnóticos: razão pela qual a sua metodologia conta entre os fatos etnológicos mais universais. Da mesma forma, não há qualquer autorização para já colocar em si tal propósito de esfomeação da corporalidade e do desejo entre os sintomas da loucura (como gosta de fazer uma desajeitada espécie de "espíritos livres" e fidalgos Christoph devoradores de rosbife). Tão mais certo é que ele fornece, pode fornecer o *caminho* para todas as espécies de perturbações mentais, para "luzes interiores", por exemplo, como no caso dos hesicastas[51] do monte Athos, para alucinações auditivas e visuais, para voluptuosos transbordamentos e êxtases de sensualidade (a história de santa Teresa). A interpretação dada a tais estados pelas pessoas por eles

---

49. Esportistas.

50. Treinamento.

51. Adeptos do hesicasmo, seita mística do cristianismo ortodoxo em que se buscava a contemplação da luz divina mediante o completo repouso.

acometidas sempre foi tão fanática e falsa quanto possível, isso é óbvio: apenas não se deixe de ouvir o tom da mais convencida gratidão que já ressoa na *vontade* de fazer tal gênero de interpretação. Eles sempre consideram o estado supremo, a própria *salvação*, aquela hipnotização total e quietude finalmente alcançada, como o segredo em si, para cuja expressão não bastam nem mesmo os símbolos supremos, consideram-no como um albergar-se e um retorno ao lar no fundamento das coisas, como libertação de toda ilusão, como "saber", como "verdade", como "ser", como desvencilhamento de toda meta, todo desejo, todo agir, também como um além do bem e do mal. "O bem e o mal", diz o budista, "– ambos são grilhões: o homem perfeito tornou-se senhor de ambos"; "coisas feitas e não feitas", diz o crente do vedanta, "não lhe causam dor alguma; ele sacode o bem e o mal de si como um sábio; seu reino não sofre mais com ação alguma; o bem e o mal, ele ultrapassou ambos"[52]: – uma concepção inteiramente indiana, portanto, tão bramânica quanto budista. (Nem no modo de pensar indiano nem no cristão essa "salvação" é considerada *alcançável* através da virtude, através do melhoramento moral, por maior que estimem ser o valor hipnotizante da virtude: retenhamos isso – de resto, isso simplesmente corresponde aos fatos. Que tenham permanecido *verazes* nisso pode, talvez, ser considerado como o melhor fragmento de realismo nas três maiores religiões, de outro modo tão radicalmente moralizadas. "Não há dever para o iniciado" (...) "A salvação não se dá por *acréscimo* de virtudes: pois ela consiste na unidade com o brâman, que não é suscetível de qualquer acréscimo de

---

52. Citação ligeiramente modificada de Hermann Oldenberg, *Buddha. Sein Leben, seine Lehre, seine Gemeinde* [*Buda: sua vida, sua doutrina, sua comunidade*]. Berlin, Wilhelm Herz, 1881, p. 50.

perfeição; e tampouco pela *emenda* de defeitos: pois o brâman, com o qual ser um só é o que constitui a salvação, é eternamente puro" – esses trechos provêm do comentário de Xancara[53], citado pelo primeiro *conhecedor* verdadeiro da filosofia indiana na Europa, meu amigo Paul Deussen.[54]) Queremos respeitar, portanto, a "salvação" nas grandes religiões; em compensação, torna-se um pouco difícil para nós conservar a seriedade diante da avaliação que o *sono profundo* recebe desses cansados da vida, cansados demais mesmo para sonhar – o sono profundo, a saber, já como entrada no brâman, como *alcançada unio mystica* com Deus. "Tão logo ele tenha adormecido inteiramente" – consta a respeito na mais antiga e mais venerável "escritura" – "e atingido o repouso completo a ponto de não ver mais nenhuma imagem onírica, então, oh meu caro, ele se une ao ser, ele entra em si mesmo – envolvido pelo si mesmo sapiente, ele não tem mais consciência do que está fora ou dentro. (...) Essa ponte não é atravessada nem pelo dia e nem pela noite, nem pela velhice, nem pela morte, nem pelo sofrimento, nem pelas boas obras, nem pelas más obras."[55] "No sono profundo", dizem também os crentes desta que é a mais profunda das três grandes religiões, "a alma se eleva deste corpo, adentra a luz suprema e, desta maneira, surge em forma própria: então ela é o próprio espírito supremo que vagueia enquanto graceja e brinca e se deleita, quer com mulheres ou com carros ou com amigos, então ela não pensa mais no corpo, esse apêndice, ao qual o prana" (o fôlego da

---

53. Xancara (c. 788-c. 820): reformador do hinduísmo.
54. Paul Deussen, *Das System des Vedânta* [*O sistema do vedanta*]. Leipzig, Brockhaus, 1883, p. 435. Deussen (1845-1919) foi historiador da filosofia e indólogo.
55. Paul Deussen, *Die Sûtra's des Vedânta* [*Os sutras do vedanta*]. Leipzig, Brockhaus, 1887, p. 510 e 518.

vida) "está atrelado como um animal de tiro à carroça."⁵⁶ Apesar disso, também aqui queremos ter presente, como no caso da "salvação", que com isso apenas se expressa, no fundo, ainda que com a opulência do exagero oriental, a mesma avaliação do lúcido, frio, gregamente frio mas sofredor Epicuro: o sentimento hipnótico do nada, o repouso do sono mais profundo, a *ausência de sofrimento*, em suma – isso já pode ser considerado pelos sofredores e pelos radicalmente indispostos como o bem supremo, como o valor dos valores, isso *tem de* ser avaliado por eles como positivo, como *o* próprio positivo. (Segundo a mesma lógica do sentimento, o nada é chamado em todas as religiões pessimistas de *Deus*.)

18.

Com frequência muito maior do que tal abafamento hipnótico geral da sensibilidade, da capacidade de sentir dor, que já pressupõe forças mais raras, sobretudo coragem, desdém pela opinião e "estoicismo intelectual", tenta-se um outro *training* contra estados depressivos, em todo caso mais fácil: *a atividade maquinal*. Está fora de qualquer dúvida que com ela uma existência sofredora é aliviada num grau nada insignificante: esse fato é hoje chamado, um tanto desonrosamente, de "a benção do trabalho". O alívio consiste no fato de o interesse do sofredor ser radicalmente desviado do sofrimento – no fato de entrarem na consciência apenas ações atrás de ações e, por conseguinte, restar pouco espaço nela para sofrimento: pois ele é *apertado*, esse aposento da consciência humana! A atividade maquinal e o que dela faz parte – como a absoluta regularidade, a obediência pontual irrefletida, o aspecto definitivo do modo de vida, o preenchimento

---

56. Paul Deussen, *Das System des Vedânta* [*O sistema do vedanta*]. Leipzig, Brockhaus, 1883, p. 199.

do tempo, uma certa permissão e até uma disciplina para a "impessoalidade", para o esquecimento de si, para a "*incuria sui*"[57] –: de que modo radical, de que modo sutil o sacerdote ascético soube aproveitá-los na luta com a dor! Precisamente quando tinha de lidar com sofredores das classes inferiores, com escravos ou prisioneiros (ou com mulheres: que na maioria das vezes, afinal, são as duas coisas ao mesmo tempo, escravas e prisioneiras), bastava pouco mais que uma pequena arte de troca de nomes e de rebatismo para fazê-los ver em coisas odiadas, dali por diante, um benefício, uma felicidade relativa: – a insatisfação do escravo com o seu destino *não* foi, em todo caso, inventada pelos sacerdotes. – Um meio ainda mais apreciado na luta com a depressão é a prescrição de uma *pequena alegria* que seja facilmente acessível e possa ser transformada em regra; o uso dessa medicação é com frequência combinado com a que acabamos de discutir. A forma mais frequente sob a qual a alegria é prescrita dessa maneira como medida terapêutica é a alegria de *alegrar* (como benfazer, presentear, aliviar, auxiliar, aconselhar, consolar, elogiar, distinguir); ao prescrever o "amor ao próximo", no fundo o sacerdote ascético prescreve uma excitação do impulso mais forte, mais afirmador da vida, ainda que na mais cautelosa dosagem – da *vontade de poder*. A felicidade da "ínfima superioridade", tal como todo benfazer, ser útil, auxiliar e distinguir traz consigo, é o mais rico meio consolador de que as criaturas fisiologicamente inibidas costumam se servir, supondo que sejam bem aconselhadas: caso contrário, machucam-se umas às outras, naturalmente em obediência ao mesmo instinto fundamental. Se procurarmos os inícios do cristianismo no mundo romano, encontramos associações para apoio recíproco, associações de pobres, de doentes e de

---

57. Descuido de si.

sepultamento, crescidas no solo mais baixo da sociedade de então, nas quais se cultivava conscientemente aquele recurso capital contra a depressão, a pequena alegria, a do mútuo benfazer – será que isso era algo novo na época, uma verdadeira descoberta? Numa "vontade de reciprocidade", de formação de rebanhos, de "comunidade", de "cenáculo" suscitada desta forma, aquela vontade de poder assim excitada, embora em pequeníssima escala, tem de irromper de novo e muito mais completamente: na luta contra a depressão, a *formação de rebanhos* é um passo e uma vitória essencial. No crescimento da comunidade, um novo interesse ganha forças também para o indivíduo, interesse que com bastante frequência o eleva acima do aspecto mais pessoal de seu aborrecimento, de sua aversão por *si* (a "*despectio sui*"[58] de Geulinx[59]). Todos os doentes e doentios aspiram instintivamente, devido a um desejo de sacudir de si o desprazer surdo e o sentimento de fraqueza, a uma organização de rebanho: o sacerdote ascético adivinha esse instinto e o promove; onde há rebanhos, foi o instinto de fraqueza que quis o rebanho e a esperteza sacerdotal que o organizou. Pois não se deixe passar isto: os fortes têm uma tendência tão necessariamente natural a se *separarem* quanto os fracos têm a se *juntarem*; quando os primeiros se aliam, isso só acontece em vista de uma agressiva ação e satisfação conjunta de sua vontade de poder, com muitas resistências da consciência individual; os últimos, em compensação, organizam-se sentindo *prazer* justamente com essa organização – nisso, seu instinto se satisfaz tanto quanto o instinto dos "senhores" natos (isto é, da solitária espécie do animal de rapina humano) no fundo se irrita e se inquieta com a organização. Sob toda oligarquia sempre está escondido – toda a história ensina isso – o apetite

---

58. Desprezo por si.
59. Arnold Geulinx (1624-1699): filósofo cartesiano holandês.

tirânico; toda oligarquia treme constantemente devido à tensão que cada indivíduo nela necessita para se conservar senhor desse apetite. (Esse era o *modo grego*, por exemplo: Platão o atesta numa centena de passagens, Platão, que conhecia seus iguais – *e* a si mesmo...)

19.

Os meios do sacerdote ascético de que tomamos conhecimento até aqui – o completo abafamento do sentimento vital, a atividade maquinal, a pequena alegria, sobretudo a do "amor ao próximo", a organização em rebanhos, o despertar do sentimento de poder da comunidade, em razão do qual o aborrecimento do indivíduo consigo mesmo é sobrepujado pelo seu prazer com o prosperar da comunidade – esses são, mensurados segundo a medida moderna, os seus meios *inocentes* na luta com o desprazer: voltemo-nos agora aos mais interessantes, os "culpados". Em todos eles, trata-se de uma só coisa: de uma *desmedida do sentimento* qualquer – esta sendo utilizada contra a surda, paralisante e prolongada dolorosidade como o meio mais eficaz de anestesia; razão pela qual a inventividade sacerdotal foi realmente inesgotável ao conceber esta única pergunta: "*como* se alcança uma desmedida do sentimento?"... Isso soa duro: é evidente que soaria mais suave e talvez chegasse melhor aos ouvidos se eu dissesse, por exemplo, que "o sacerdote ascético sempre se serviu do *entusiasmo* que se encontra em todos os afetos fortes". Mas para que ainda afagar os ouvidos amolecidos de nossos molengões modernos? Para que, *de nossa parte*, ceder à sua tartufice das palavras mesmo que apenas um passo? Para nós, psicólogos, já haveria nisso uma tartufice *da ação*; não considerando que nos daria nojo. Pois se hoje um psicólogo mostra seu *bom gosto* em alguma coisa (– outros poderiam dizer: sua retidão), então é na repugnância ao modo de falar vergonhosamente *moralizado* com que pouco a pouco foram lambuzados todos os juízos modernos sobre homens e coisas. Pois não nos enganemos sobre isto: o que constitui a característica mais particular das almas modernas, dos livros modernos, não é a mentira, e sim a entranhada *inocência* na mendacidade moralista. Ter de descobrir essa "inocência" repetidamente por toda parte – essa talvez seja a parte mais repulsiva de todo o trabalho, em si nada inócuo, de que um psicólogo precisa se encarregar hoje; é uma parte de *nosso* grande perigo – é um caminho que talvez leve precisamente a *nós* ao grande nojo... Não duvido *para que*, tão-somente, os livros modernos (supondo que durem, o que no entanto não se deve temer, e igualmente supondo que um dia haverá uma posteridade com um gosto mais rigoroso, mais duro, *mais saudável*) – para que *tudo* o que é moderno serviria, poderia servir a essa posteridade: para vomitivos – e isso graças a seu adoçamento e falsidade moral, à sua profundíssima feminilidade, que gosta de se denominar "idealismo" e, em todo caso, acredita em idealismo. Os nossos homens cultivados de hoje, os nossos "bons", não mentem – isso é verdade; mas isso *não* os honra! A verdadeira mentira, a genuína, resoluta e "honesta" mentira (sobre cujo valor pode-se ouvir o que Platão tem a dizer[60]) seria para eles algo de longe severo demais, forte demais; isso exigiria o que não se *pode* exigir deles, que abrissem os olhos para si mesmos, que soubessem distinguir entre "verdadeiro" e "falso" lá consigo mesmos. Assenta-lhes apenas a *mentira desonesta*; todos os que hoje se sentem "boas pessoas" são completamente incapazes de se posicionar em relação a uma coisa qualquer senão de maneira *desonesta-mendaz*, abissal-mendaz, mas inocente-mendaz, cândida-mendaz, ingênua-mendaz, virtuosa-mendaz. Esses "bons homens" – todos eles estão agora moralizados da cabeça aos pés e,

---

60. Ver *A república*, 414b-c, 382c, 389b, 459c-d e *As leis*, 663e.

com vista à honestidade, arruinados e estropiados por toda a eternidade: quem deles ainda suportaria uma *verdade* "sobre o homem"?... Ou, perguntando de maneira mais palpável: quem deles aguentaria uma *verdadeira* biografia?... Algumas indicações: Lord Byron anotou algumas coisas personalíssimas a respeito de si, mas Thomas Moore era "bom demais" para isso: ele queimou os papéis de seu amigo. Diz-se que Dr. Gwinner, o executor testamentário de Schopenhauer, fez a mesma coisa: pois Schopenhauer também tinha anotado algumas coisas sobre si e talvez também contra si ("εἰς‘εαυτόν"). O competente norte-americano Thayer, o biógrafo de Beethoven, parou de repente com o seu trabalho: ao chegar a um ponto qualquer dessa vida respeitável e ingênua, não a suportou mais... Moral: que homem prudente ainda escreveria hoje uma palavra honesta sobre si mesmo? – pois já teria de fazer parte da Ordem da Santa Audácia. Prometem-nos uma autobiografia de Richard Wagner: quem duvida que será uma autobiografia *prudente*?... Lembremos ainda do cômico horror que o sacerdote católico Janssen[61] causou na Alemanha com o seu retrato, sobremodo quadrado e inofensivo, do movimento alemão da Reforma; o que não aprontariam se um dia alguém nos narrasse esse movimento *de outro modo*, se um dia um verdadeiro psicólogo nos narrasse um verdadeiro Lutero, não mais com a simploriedade moralista de um pároco de aldeia, não mais com o pudor adocicado e cheio de considerações dos historiadores protestantes, mas, talvez, com um destemor *tainiano*[62], com base numa *força de alma* e não por uma

---

61. Johannes Janssen (1829-1891): historiador alemão, autor de *Geschichte des deutschen Volkes seit dem Ausgang des Mittelalters* [*História do povo alemão desde o fim da Idade Média*] (Freiburg, Herder, 1878-1894, 8 vols.).

62. Referente a Hippolyte Taine (1828-1893), historiador francês.

indulgência prudente em relação à força?... (Os alemães, seja dito de passagem, por fim ainda conseguiram produzir bastante belamente o tipo clássico dessa indulgência – eles já podem imputá-lo a si, colocá-lo em sua conta: a saber, com o seu Leopold Ranke[63], esse clássico *advocatus* nato de toda *causa fortior*[64], esse que é o mais prudente de todos os prudentes "homens factuais".)

20.

Mas já me terão compreendido: – no fim das contas, razão suficiente para que nós, psicólogos, não consigamos nos livrar hoje em dia de certa desconfiança *em relação a nós mesmos*, não é verdade?... Provavelmente nós também ainda sejamos "bons demais" para o nosso ofício, provavelmente nós também ainda sejamos as vítimas, a presa, os doentes desse gosto moralizado contemporâneo, por mais que nos sintamos como seus desprezadores – provavelmente ele também ainda *nos* infecte. Contra o que advertia aquele diplomata quando falava com os seus iguais? "Desconfiemos sobretudo, meus senhores, de nossos primeiros movimentos!", disse ele, "*eles quase sempre são bons*"[65]... Assim também deveria falar hoje todo psicólogo a seus iguais... E com isso retornamos ao nosso problema, que de fato exige de nós algum rigor, especialmente alguma

---

63. Leopold von Ranke (1795-1886): historiador alemão, autor, entre outros títulos, de *Die römischen Päpste* [*Os papas romanos*] (Berlin, Duncker und Humblot, 1834-1836, 3 vols.).

64. Causa mais forte.

65. A frase do estadista francês Charles Maurice de Talleyrand (1754-1838), incluída entre os fragmentos póstumos de Nietzsche (nº 10[78], do outono de 1887), é na verdade ligeiramente diferente: "*Méfiez-vous du premier mouvement; il est toujours généreux*" ("Desconfiai do primeiro movimento; ele é sempre generoso").

desconfiança em relação aos "primeiros movimentos". *O ideal ascético a serviço da intenção de obter uma desmedida do sentimento*: – quem se recorda da dissertação anterior já antecipará no essencial, condensado nessas treze palavras, o conteúdo do que vai ser agora apresentado. Tirar a alma humana de todos os seus eixos, mergulhá-la de tal modo em pavores, gelos, brasas e êxtases que ela se livre como que através de um raio de todas as pequenezas e mesquinharias do desprazer, do torpor, do mau humor: quais os caminhos que levam a *essa* meta? E quais deles de modo mais certo?... No fundo, todos os grandes afetos têm uma capacidade para tanto, supondo que se descarreguem de súbito: ira, medo, volúpia, vingança, esperança, triunfo, desespero, crueldade; e, realmente, o sacerdote ascético tomou a seu serviço, sem hesitar, a *inteira* matilha de cães selvagens no homem e soltou ora esse, ora aquele, sempre com a mesma finalidade de despertar o homem da arrastada tristeza, de afugentar pelo menos por algum tempo a sua dor surda, a sua miséria hesitante, sempre também sob uma interpretação e "justificação" religiosa. Toda desmedida do sentimento desse gênero *vale a pena* posteriormente, isso é óbvio – ela torna o doente mais doente –: e por isso tal tipo de remédio para a dor, mensurado pela medida moderna, é um tipo "culpado". No entanto, por uma exigência de justiça, é preciso insistir tanto mais que ele foi empregado *de boa consciência*, que o sacerdote ascético o prescreveu acreditando profundamente em sua utilidade, até em sua imprescindibilidade – e, com bastante frequência, quase se despedaçando ele próprio diante da desgraça que criou; da mesma forma, que as veementes revanches fisiológicas de tais excessos, talvez até perturbações mentais, no fundo não contradizem propriamente o inteiro sentido desse tipo de medicação: que, como foi antes mostrado, *não* visava a cura de doenças, e sim combater o desprazer da depressão, atenuá-lo, entorpecê-lo. Essa meta também foi *assim* alcançada. O principal ardil que o sacerdote ascético se permitiu para fazer ressoar na alma humana todo tipo de música dilaceradora e extasiante foi levado a cabo – todo mundo sabe disso – com o uso do *sentimento de culpa*. A origem desse sentimento foi indicada de modo breve na dissertação anterior – como um fragmento de psicologia animal, nada mais: lá encontramos o sentimento de culpa em seu estado bruto, por assim dizer. Apenas sob as mãos do sacerdote, esse verdadeiro artista em matéria de sentimentos de culpa, ele ganhou forma – oh, e que forma! O "pecado" – pois é esse o nome da reinterpretação sacerdotal da "má consciência" animal (da crueldade voltada para trás) – foi até agora o maior evento na história da alma doente: nele temos a artimanha mais perigosa e mais funesta da interpretação religiosa. O homem que sofre de si mesmo de alguma maneira, em todo caso fisiologicamente, mais ou menos como um animal trancafiado na jaula, sem clareza sobre o *porquê* e o *para quê*, ávido de razões – razões aliviam –, ávido também de remédios e narcoses, pede finalmente o conselho de um sujeito que também conhece o oculto – e vejam só! Ele recebe uma indicação, ele recebe de seu mago, o sacerdote ascético, a *primeira* indicação sobre a "causa" de seu sofrimento: ele deve procurá-la em *si*, numa *culpa*, num pedaço de passado, ele deve compreender o seu sofrimento até como um *estado punitivo*... Ele ouviu, ele compreendeu, o infeliz: agora lhe sucede como à galinha em torno da qual se traçou uma linha. Ele não sai mais desse círculo de linhas: do doente, fez-se "o pecador"... E então não nos livramos por alguns milênios do aspecto desse novo doente, "do pecador" – será que alguma vez nos livraremos dele? –, para onde quer que olhemos, por toda parte o olhar hipnótico do pecador, que se move sempre numa única direção (na direção da "culpa" como a *única* causalidade do sofrimento); por toda parte a má consciência, esse "medonho animal", para falar com Lutero; por toda parte, a regurgitação do passado, a distorção do ato, o "olho verde"⁶⁶ para todo agir; por toda parte, o *querer* compreender mal o sofrimento transformado em conteúdo da vida, a reinterpretação desse sofrimento em termos de sentimentos de culpa, medo e punição; por toda parte, o açoite, o cilício, o corpo a morrer de fome, a contrição; por toda parte, o autossuplício do pecador por meio da roda nas engrenagens cruéis de uma consciência inquieta, mórbido-lasciva; por toda parte, o tormento mudo, o medo extremo, a agonia do coração martirizado, os espasmos de uma felicidade desconhecida, o grito por "salvação". De fato, com esse sistema de procedimentos a velha depressão, o pesadume e o cansaço foram radicalmente *superados*, a vida voltou a ser *muito* interessante: desperto, eternamente desperto, tresnoitado, em brasas, reduzido a carvão, esgotado e, no entanto, não cansado – esse era o aspecto do homem, "do pecador" que fora iniciado *nesses* mistérios. Esse velho e grande mago em luta com o desprazer, o sacerdote ascético – evidentemente tinha vencido, *seu* reino tinha chegado: já não havia mais queixas *contra* a dor, *ansiava-se* pela dor; "*mais* dor! *mais* dor!", assim gritava o desejo de seus discípulos e iniciados séculos afora. Toda desmedida do sentimento capaz de machucar, tudo o que quebrava, derrubava, esmagava, arrebatava, extasiava, o segredo dos lugares de tortura, a inventividade do próprio inferno – tudo havia sido descoberto, adivinhado, aproveitado, tudo estava a serviço do mago, tudo servia doravante à vitória de seu ideal, do ideal ascético... "O meu reino não é *deste* mundo"⁶⁷ – falava ele como sempre: será que ainda tinha realmente o direito de falar assim?... Goethe afirmou que havia apenas trinta

---

66. Isto é, da cor da bile, substância associada ao mau gênio, à irritação, ao rancor.

67. João 18, 36.

e seis situações trágicas[68]: disso se depreende, caso já não se soubesse, que Goethe não era um sacerdote ascético. Este – conhece um número maior...

21.

Em vista de todo *esse* tipo de medicação sacerdotal, o tipo "culpado", qualquer palavra de crítica é excessiva. Que tal desmedida do sentimento, como nesse caso o sacerdote ascético costuma prescrever a seus doentes (sob os mais sagrados nomes, como é óbvio, e igualmente persuadido da santidade de seu fim), realmente tenha *aproveitado* a algum doente, quem teria vontade de sustentar uma afirmação desse tipo? Pelo menos deveríamos nos entender acerca da palavra *aproveitar*. Caso se queira exprimir com isso que tal sistema de tratamento *melhorou* o homem, não vou contradizer: apenas acrescento o que para mim significa "melhorado" – o mesmo que "amansado", "enfraquecido", "desencorajado", "refinado", "amolecido", "emasculado" (ou seja, quase o mesmo que *danificado*...). Porém, quando se trata principalmente de doentes, descontentes e deprimidos, tal sistema, mesmo supondo que torne o doente "melhor", torna-o de todo modo *mais doente*; pergunte-se apenas aos alienistas o que uma aplicação metódica de tormentos penitenciais, contrições e convulsões de salvação sempre traz consigo. Igualmente, consulte-se a história: por toda parte onde o sacerdote ascético impôs esse tratamento de doentes, a morbidez sempre cresceu sinistramente rápido em profundidade e largura. Qual foi sempre o "êxito"? Um sistema nervoso arruinado, além daquilo que de outro modo já estava doente; e isso tanto em ampla quanto em mínima escala, tanto em indivíduos

---

68. Das *Conversas com Goethe*, de Johann Peter Eckermann, em 14 de fevereiro de 1830.

quanto em massas. Como consequência do *training* de penitência e de salvação encontramos imensas epidemias epilépticas, as maiores que a história conhece, tais como as dos acometidos pela dança de são Vito e de são João na Idade Média; como outra forma de consequência, encontramos terríveis paralisias e depressões duradouras, com as quais, por vezes, o temperamento de um povo ou de uma cidade (Genebra, Basileia) transforma-se de uma vez por todas em seu oposto; – também entra aqui a histeria das bruxas, algo aparentado ao sonambulismo (oito grandes erupções epidêmicas dela apenas entre 1564 e 1605) –; encontramos como sua consequência, igualmente, aqueles delírios tanatomaníacos de massa, cujo grito horrendo, "*evviva la morte*", foi ouvido por toda a Europa, interrompido ora por idiossincrasias voluptuosas, ora cheias de fúria destrutiva: tal como a mesma alternância de afetos, com as mesmas intermitências e reviravoltas, ainda pode ser observada hoje por toda parte em todos os casos em que a doutrina ascética do pecado consiga atingir novamente um grande êxito (a neurose religiosa *aparece* como uma forma de "mau estado"[69]: disso não há dúvida. O que ela é? *Quaeritur*[70].) Num cálculo geral, o ideal ascético e seu culto sublime-moral, essa que é a mais espirituosa, mais inescrupulosa e mais perigosa sistematização de todos os meios da desmedida do sentimento, inscreveu-se assim, sob a égide de intenções sagradas, de uma maneira terrível e inesquecível em toda a história do homem; e, infelizmente, *não apenas* em sua história... Eu mal saberia mencionar outra coisa que tenha prejudicado tão destrutivamente a *saúde* e o vigor da raça, sobretudo dos europeus, quanto esse ideal; sem qualquer exagero, pode-se chamá-lo de *a verdadeira fatalidade* na história da saúde do homem eu-

---

69. "*Das böse Wesen*", outro nome para a epilepsia.
70. Eis a questão.

ropeu. No máximo, sua influência ainda poderia ser equiparada à influência especificamente germânica: refiro-me à intoxicação alcoólica da Europa, que até agora se manteve rigorosamente no mesmo ritmo da predominância política e racial dos germanos (– onde inocularam seu sangue, inocularam também os seus vícios). – Em terceiro lugar na série caberia mencionar a sífilis – *magno sed proxima intervallo*.[71]

22.

O sacerdote ascético arruinou a saúde da alma onde quer que tenha chegado ao poder; consequentemente, também arruinou o *gosto in artibus et litteris*[72] – ele continua a arruiná-lo. "Consequentemente?" – Espero que simplesmente me concedam esse "consequentemente"; pelo menos não quero demonstrá-lo primeiro. Uma única indicação: ela se refere ao livro fundamental da literatura cristã, ao seu verdadeiro modelo, ao seu "livro em si". Ainda em meio à magnificência greco-romana, que também era uma magnificência de livros, face a um mundo antigo de escritos ainda não atrofiado e destroçado, numa época em que ainda se podia ler alguns livros por cuja posse trocaríamos agora a metade de muitas literaturas, a simploriedade e a vaidade dos agitadores cristãos – os chamados pais da Igreja – já se atreveu a decretar: "*nós também temos a nossa literatura clássica, não precisamos da dos gregos*" – e nisso apontavam orgulhosamente para livros de lendas, cartas de apóstolos e panfletinhos apo-

---

71. Em seguida, mas após longo intervalo. Ver Virgílio, *Eneida* 5, 320: *Proximus huic, longo sed proximus intervallo*, "atrás dele, mas depois de longa distância", expressão que indica a distância entre Niso e o segundo colocado na corrida que houve durante os jogos fúnebres em honra a Anquises.

72. Nas artes e nas letras.

logéticos, mais ou menos como o "Exército da Salvação" inglês, com uma literatura aparentada, trava hoje sua luta contra Shakespeare e outros "pagãos". Não gosto do "Novo Testamento", já se adivinha; quase me inquieta estar de tal modo sozinho com o meu gosto em relação a essa obra estimadíssima, superestimadíssima (o gosto de dois milênios está *contra* mim): mas de que adianta! "Aqui estou, não posso agir de outra maneira"[73] – tenho a coragem para o meu mau gosto.[74] O *Antigo* Testamento – isso sim é algo bem diferente: todo o respeito pelo Antigo Testamento! Nele encontro grandes homens, uma paisagem heroica e algo do que há de mais raro na Terra, a incomparável ingenuidade do *coração forte*; mais ainda, encontro um povo. No Novo, em compensação, apenas o pequeno bulício das seitas, apenas rococó da alma, apenas arabescos, recantos, extravagâncias, apenas ar de conventículo, sem esquecer um bafejo ocasional de doçura bucólica, próprio da época (e da província romana) e não tanto judaico quanto helenístico. Humildade e presunção juntas, lado a lado; uma tagarelice do sentimento que quase ensurdece; passionalidade, nenhuma paixão; gesticulação constrangedora; aí evidentemente faltou toda boa educação. Como se pode fazer tanto alarde de suas pequenas desvirtudes tal como fazem esses homenzinhos devotos! Ninguém se importa com isso; muito menos Deus. Por fim, ainda querem ter inclusive "a coroa da vida eterna", toda essa pequena gente da província: por que, afinal? Para que, afinal? É impossível levar a imodéstia mais longe. Um Pedro "imortal": quem suportaria *esse sujeito!* Eles têm uma ambição que faz rir: *essa* gente expõe coisas personalíssimas em todas

---

73. Palavras pronunciadas por Lutero na Dieta de Worms (1521).

74. Tal como Julien Sorel em *O vermelho e o negro*, de Stendhal (vol. 2, cap. XII), conforme Nietzsche registrou num fragmento de 1884: "Ele não tem medo do mau gosto".

as minúcias, suas estupidezes, tristezas e preocupações de ocioso de esquina, como se o em si das coisas estivesse obrigado a se preocupar com isso, *essa* gente não se cansa de enrolar o próprio Deus na mais minúscula miséria em que estejam metidos. E esse constante tutear-se com Deus, coisa de péssimo gosto! Essa impertinência judaica, não só judaica, de patas e focinhos em relação a Deus!... Há pequenos "povos pagãos" desprezados no leste da Ásia dos quais esses primeiros cristãos poderiam ter aprendido algo essencial, um pouco do *tato* do respeito; esses povos não se permitem, conforme atestam missionários cristãos, sequer mencionar o nome de seu deus. Isso me parece bastante delicado; certamente não é delicado demais apenas para cristãos "primitivos": a fim de sentir o contraste, recorde-se Lutero, por exemplo, o "mais eloquente" e mais imodesto campônio que a Alemanha teve, e o tom luterano, que ele justamente gostava de usar em suas conversas com Deus. A oposição de Lutero aos santos medianeiros da Igreja (em especial ao "papa, esse porco do Diabo"[75]), não há dúvida quanto a isso, era bem no fundo a oposição de um grosso que se irritava com a *boa etiqueta* da Igreja, essa etiqueta respeitosa do gosto hierático que apenas admite os mais consagrados e os mais discretos no Santo dos Santos[76] e o fecha para os grossos. Estes, de uma vez por todas, não devem tomar a palavra justamente aí – mas Lutero, o campônio, queria que as coisas fossem absolutamente diferentes; como estavam, não eram *alemãs* o bastante: ele queria sobretudo falar diretamente, falar por conta própria, falar "sem cerimônias" com o seu Deus... Bem, foi o que ele

---

75. De um texto de 1521, "Vom Missbrauch der Messe" ["Do abuso da missa"]. (Ver Martin Luther, *Werke* [*Obras*]. Weimar, Hermann Böhlau, 1889, vol. 8, p. 540.)

76. Em sentido próprio, o espaço mais sagrado do tabernáculo dos hebreus e, mais tarde, do templo em Jerusalém; figuradamente, qualquer espaço sagrado acessível apenas aos sacerdotes.

fez. – O ideal ascético, decerto se adivinha, não foi nunca e em parte alguma uma escola do bom gosto, muito menos das boas maneiras – foi, no melhor dos casos, uma escola das maneiras hieráticas –: isso faz com ele tenha em seu corpo algo que é um inimigo de morte de todas as boas maneiras – a falta de moderação, a repulsa à moderação, ele próprio é um "*non plus ultra*".[77]

23.

O ideal ascético não arruinou apenas a saúde e o gosto, ele arruinou ainda uma terceira, uma quarta, uma quinta, uma sexta coisa – vou me resguardar de dizer tudo *o que* ele arruinou (quando eu chegaria ao fim!). Não me cabe colocar na luz aqui o que esse ideal *produziu*; antes, unicamente o que ele *significa*, o que ele permite adivinhar, o que está escondido por trás dele, debaixo dele, dentro dele, de que coisa ele é a expressão provisória, indistinta, sobrecarregada com interrogações e mal-entendidos. E apenas com vista a *esse* fim não pude poupar meus leitores de uma olhada na imensidade de seus efeitos, também de seus efeitos funestos: e isso a fim de prepará-los para o último e mais terrível aspecto que tem para mim a pergunta sobre o significado desse ideal. O que significa exatamente o *poder* desse ideal, a *imensidade* de seu poder? Por que lhe foi dado espaço em tal medida? Por que não se resistiu melhor a ele? O ideal ascético expressa uma vontade: *onde* está a vontade oposta na qual se expressasse um *ideal oposto*? O ideal ascético tem uma *meta* – esta é suficientemente universal a ponto de todos os outros interesses da existência humana, comparados a ela, parecerem mesquinhos e tacanhos; ele interpreta épocas, povos e homens de maneira impiedosa visando essa única meta, ele não

---

77. Não mais além; auge.

admite qualquer outra interpretação, qualquer outra meta, ele rejeita, renega, afirma e confirma apenas no sentido *de sua* interpretação (– e alguma vez existiu um sistema de interpretação que fosse mais bem pensado até o fim?); ele não se sujeita a poder algum, ele acredita antes em seu privilégio frente a todo poder, em sua incondicional *distância de classe* com respeito a todo poder – ele acredita que não exista nada na Terra dotado de poder que não tenha primeiro recebido dele um sentido, um direito à existência e um valor como ferramenta para a *sua* obra, como caminho e meio para a *sua* meta, para uma única meta... Onde está a *contrapartida* desse sistema fechado de vontade, meta e interpretação? Por que *falta* a contrapartida?... Onde está a *outra* "única meta"?... Mas dizem-me que ela *não* falta, que ela não só travou uma longa e bem-sucedida luta com aquele ideal, antes já dominou esse ideal em todas as coisas capitais: toda a nossa *ciência* moderna seria o testemunho disso – essa ciência moderna que, como uma verdadeira filosofia da realidade, evidentemente acredita apenas em si mesma, evidentemente tem a coragem de ser ela mesma, a vontade de ser ela mesma e, até agora, passou muito bem sem Deus, além e virtudes negadoras. Entretanto, com tal barulho e tagarelice de agitadores não se consegue nada comigo: esses trombeteiros da realidade são péssimos músicos, é bastante claro que suas vozes *não* provêm das profundezas, neles *não* fala o abismo da consciência científica – pois hoje a consciência científica é um abismo –, em tais focinhos de trombeteiro a palavra "ciência" é simplesmente uma indecência, um abuso, uma falta de vergonha. A verdade é precisamente o oposto do que aí se afirma: hoje a ciência não tem absolutamente *nenhuma* crença em si, muito menos um ideal *acima* dela – e onde quer que ela ainda seja paixão, amor, ardor e *sofrimento*, ali ela não é o oposto daquele ideal ascético, e sim *a sua mais recente e mais nobre forma* mesma. Isso vos soa estranho?...

Há muitos trabalhadores honrados e modestos também entre os estudiosos de hoje, a quem agrada o seu pequeno recanto e que, por se sentirem bem nele, às vezes manifestam um pouco imodestamente a exigência de que hoje se *deveria* estar contente, sobretudo na ciência – precisamente nela haveria tantas coisas úteis a fazer. Não contradigo; o que menos gostaria é de estragar nesses trabalhadores honestos o gosto pelo ofício: pois o seu trabalho me agrada. Mas o fato de agora se trabalhar duro na ciência e de existirem trabalhadores contentes absolutamente *não* prova que a ciência como um todo tenha hoje uma meta, uma vontade, um ideal, uma paixão de grande crença. O contrário é o caso, como foi dito: quando ela não é a manifestação mais recente do ideal ascético – trata-se aí de casos nobres, seletos e raros demais para que possam levar a uma mudança do juízo geral –, a ciência é hoje um *esconderijo* para todo tipo de desalento, descrença, verme roedor, *despectio sui*[78], má consciência – ela é a própria *inquietação* da falta de ideais, o sofrimento com a *falta* do grande amor, a insatisfação com um contentamento *involuntário*. Oh, quantas coisas a ciência não oculta hoje! Quantas coisas ela *deve* pelo menos ocultar! A competência de nossos melhores estudiosos, sua diligência irrefletida, sua cabeça fumegando dia e noite, mesmo a sua mestria no ofício – quantas vezes tudo isso tem o seu verdadeiro sentido em impedir que algo continue sendo visível para a própria pessoa! A ciência como meio de autoanestesia: *conheceis isso?*... Às vezes – todos os que travam relações com estudiosos têm experiência disso –, nós os ferimos até os ossos com uma palavra inofensiva, enfurecemos nossos amigos estudiosos contra nós no momento em que julgamos honrá-los, fazemos com que percam as estribeiras apenas por termos sido indelicados demais para

---

78. Desprezo por si.

adivinhar com quem realmente estamos lidando, com *sofredores* que não querem confessar a si mesmos o que são, com anestesiados e inconscientes que só temem uma coisa: *recobrar a consciência...*

24.

– E agora, em compensação, vejamos aqueles casos mais raros de que falei, os últimos idealistas hoje existentes entre os filósofos e os estudiosos: temos neles, talvez, os procurados *adversários* do ideal ascético, seus *anti-idealistas*? De fato, eles se *acreditam* como tais, esses "descrentes" (pois isso todos eles são); parece que justamente este é seu último fragmento de crença, o fato de serem adversários desse ideal, tão sérios eles são nesse ponto, tão passionais se tornam justamente aí sua palavra, seu gesto: – só por isso já precisaria ser *verdadeiro* aquilo em que acreditam?... Nós, "conhecentes", somos afinal desconfiados de toda espécie de crentes; nossa desconfiança nos treinou pouco a pouco a concluir de maneira oposta à de outrora: a saber, a concluir que, em toda parte em que a força de uma crença vier demais ao primeiro plano, há uma certa fraqueza na demonstrabilidade, inclusive uma *improbabilidade* daquilo em que se acredita. Nós tampouco negamos que a crença "torne bem-aventurado": *precisamente por isso* negamos que a crença *prove* alguma coisa – uma crença forte que torna bem-aventurado é uma suspeita em relação ao objeto dessa crença, ela não fundamenta a "verdade", ela fundamenta uma certa probabilidade – de *engano*. Como ficam então as coisas nesse caso? – Esses negadores e apartados de hoje, esses incondicionais numa coisa, na exigência de asseio intelectual, esses espíritos duros, rigorosos, contidos e heroicos que são a honra de nossa época, todos esses pálidos ateus, anticristãos, imoralistas, niilistas, esses céticos, eféticos, *héticos* do espírito (todos, sem exceção, são héticos[79] em algum sentido), esses últimos idealistas do conhecimento, os únicos em quem a consciência intelectual hoje reside e se tornou corpórea – eles se acreditam de fato tão separados quanto possível do ideal ascético, esses "espíritos livres, *muito* livres": e, no entanto, revelo-lhes o que eles mesmos não podem ver – pois estão muito próximos de si –, que esse ideal é precisamente também o *seu* ideal, eles próprios o representam hoje e talvez ninguém mais, eles próprios são o seu fruto mais espiritualizado, sua tropa mais avançada de guerreiros e espias, sua forma de sedução mais capciosa, mais delicada, mais inapreensível: – se eu for um decifrador de enigmas em algum ponto, quero sê-lo com *essa* tese!... Esses não são espíritos *livres* nem de longe: *pois ainda acreditam na verdade*... Quando os cruzados cristãos toparam no oriente com aquela invencível Ordem dos Assassinos, aquela ordem de espíritos livres *par excellence*, cuja categoria mais baixa vivia numa obediência como nenhuma ordem monástica alcançou igual, também receberam, de alguma maneira, uma indicação sobre aquele símbolo e lema entalhado que estava reservado apenas às categorias superiores como seu segredo: "nada é verdadeiro, tudo é permitido"... Pois bem, *isso* era *liberdade* de espírito, *com isso* se *anulava* a crença na própria verdade... Será que alguma vez um espírito livre europeu, cristão, se perdeu nessa tese e em suas labirínticas *consequências*?... Será que conhece o minotauro dessa caverna *por experiência*?... Duvido disso; mais ainda, sei que as coisas são diferentes: – nada é justamente mais alheio a esses incondicionais numa só coisa, a esses *chamados* "espíritos livres", do que liberdade e libertação nesse sentido, sob nenhum aspecto eles estão justamente amarrados com maior firmeza, jus-

---

79. Acometidos por *hética*, palavra que pode designar tanto uma febre prolongada quanto a tuberculose. Sobre os "eféticos", ver página 130.

tamente na crença na verdade eles se encontram firmes e incondicionais como mais ninguém. Talvez eu conheça tudo isso de perto demais: aquela venerável contenção dos filósofos, à qual tal crença obriga, aquele estoicismo do intelecto, que por fim se proíbe o *não* tão rigorosamente quando o *sim*, aquele *querer* ficar parado diante do factual, do *factum brutum*, aquele fatalismo dos "*petits faits*"[80] (*ce petit faitalisme*, conforme o chamo), em que a ciência francesa procura agora uma espécie de primazia moral frente à alemã, aquela renúncia à interpretação como tal (a violar, endireitar, abreviar, omitir, preencher, inventar, falsificar e o que mais fizer parte da *essência* de todo interpretar) – isso expressa, num cálculo geral, tanto ascetismo da virtude quanto qualquer negação da sensualidade (trata-se, no fundo, apenas de um *modus* dessa negação). Mas o que *força* a esse ascetismo, aquela vontade incondicional de verdade, é a *crença no próprio ideal ascético*, ainda que sob a forma de seu imperativo inconsciente, não nos enganemos quanto a isso – essa é a crença num valor *metafísico*, um valor *em si da verdade*, tal como ele é garantido e reconhecido somente naquele ideal (esse valor começa e termina com aquele ideal). Não há, estritamente julgando, qualquer ciência "sem pressupostos", pensar em tal ciência é impensável, paralógico: precisa sempre haver primeiro uma filosofia, uma "crença", para que dela a ciência obtenha uma direção, um sentido, um limite, um método, um *direito* à existência. (Quem compreende as coisas inversamente, quem se propõe, por exemplo, a colocar a filosofia "sobre um fundamento rigorosamente científico", este precisará primeiro *colocar de ponta-cabeça* não apenas a filosofia, mas também a própria verdade: a pior ofensa ao decoro que possa existir em relação a duas moças tão respeitáveis!) Sim, não há dúvida – e com isso

---

80. Pequenos fatos.

deixo a minha *Gaia ciência* tomar a palavra; ver o seu livro quinto, seção 344 –, "o homem veraz, naquele audacioso e derradeiro sentido que a crença na ciência pressupõe, *afirma assim um outro mundo* que o da vida, da natureza e da história; e, ao afirmar esse 'outro mundo', como?, ele não precisa justamente com isso – negar sua contrapartida, este mundo, *nosso* mundo?... Nossa crença na ciência continua repousando sobre uma *crença metafísica* – mesmo nós, conhecentes de hoje, nós, antimetafísicos e homens sem Deus, mesmo nós ainda tomamos o *nosso* fogo daquele incêndio que foi ateado por uma crença milenar, aquela crença dos cristãos, que também era a crença de Platão, de que Deus é a verdade, de que a verdade é *divina*... Mas como, se justamente isso se torna cada vez mais inacreditável, se nada mais se mostra divino, a não ser o erro, a cegueira, a mentira – se o próprio Deus se mostra como a nossa *mais prolongada mentira?*" – – Neste ponto é necessário parar e refletir longamente. A própria ciência *necessita* doravante de uma justificação (o que não quer dizer que tal justificação exista). Vejamos, quanto a essa questão, as filosofias mais antigas e as mais recentes: em todas elas falta uma consciência sobre o quanto a própria vontade de verdade carece primeiro de uma justificação, há aí uma lacuna em toda filosofia – de onde vem isso? Isso acontece porque até agora o ideal ascético foi *senhor* de toda a filosofia, porque a verdade foi instaurada como ser, como Deus, como a própria instância suprema, porque a verdade não *podia* de forma alguma ser um problema. Compreende-se esse "podia"? – A partir do instante em que a crença no deus do ideal ascético foi negada, *também há um novo problema*: o do *valor* da verdade. – A vontade de verdade necessita de uma crítica – definamos com isso a nossa própria tarefa –; cabe, a título de experiência, *colocar em questão* o valor da verdade... (A quem isso parecer lacônico demais, recomenda-se reler aquela seção de *A gaia ciência* que leva o título de "O quanto nós também ainda somos devotos"[81]; de preferência, todo o quinto livro da referida obra, como também o prefácio de *Aurora*.)

25.

Não! Que não me venham com a ciência quando procuro o antagonista natural do ideal ascético, quando pergunto: "*onde* está a vontade oposta na qual se expresse seu *ideal oposto?*". A ciência não é nem de longe independente o bastante para isso, ela necessita primeiro, sob todos os aspectos, de um ideal de valor, de um poder criador de valores a cujo *serviço* ela *possa acreditar* em si mesma – ela própria não é jamais criadora de valores. Sua relação com o ideal ascético ainda não é em si, de forma alguma, antagônica; no principal, ela inclusive ainda representa a força impulsionante na configuração mais íntima desse ideal. Sua oposição e luta, a um exame mais sutil, não se refere de forma alguma ao próprio ideal, e sim apenas ao seu exterior, à sua vestimenta, ao seu jogo de máscaras, à sua temporária solidificação, lenhificação, dogmatização – ela liberta novamente a vida nele ao negar o que nele há de exotérico. Esses dois, a ciência e o ideal ascético, encontram-se afinal num único solo – já dei isso a entender –: a saber, no solo da mesma superestimação da verdade (mais precisamente: da mesma crença na *in*estimabilidade, *in*criticabilidade da verdade), e, justo por isso, eles são *necessariamente* aliados – de modo que, supondo que sejam combatidos, só podem sempre ser combatidos e colocados em questão juntos. Uma estimação do valor do ideal ascético também implica de modo inevitável uma estimação do valor da ciência: que se abra os olhos e se aguce os ouvidos

---

81. É a seção 344, da qual Nietzsche citou um pequeno trecho pouco antes.

para isso a tempo! (A *arte*, seja dito antecipadamente, pois em algum momento voltarei a isso em pormenores – a arte, na qual precisamente a *mentira* se santifica, a *vontade de engano* tem a boa consciência do seu lado, opõe-se muito mais radicalmente ao ideal ascético do que a ciência: assim percebeu o instinto de Platão, o maior inimigo da arte que a Europa produziu até agora. Platão *contra* Homero: esse é o completo, o genuíno antagonismo – lá, o "transmundanista" com a melhor das vontades, o grande caluniador da vida; aqui, o seu divinizador involuntário, a natureza *áurea*. Por isso, a servidão de um artista a serviço do ideal ascético é a mais autêntica *corrupção* do artista que pode existir, e, infelizmente, uma das mais comuns: pois nada é mais corruptível do que um artista.) Também a um exame fisiológico a ciência repousa sobre o mesmo solo que o ideal ascético: tanto num caso quanto no outro, o pressuposto é um certo *empobrecimento da vida* – os afetos esfriados, o *tempo*[82] diminuído, a dialética no lugar do instinto, a *seriedade* estampada nas caras e nos gestos (a seriedade, esse mais inequívoco distintivo do metabolismo mais custoso, da vida em luta, trabalhando com mais dificuldade). Observe-se as épocas de um povo em que o estudioso vem ao primeiro plano: são épocas de cansaço, muitas vezes de anoitecer, de declínio – a força transbordante, a certeza de vida, a certeza de *futuro* se foram. A preponderância do mandarim jamais significa algo bom: assim como a ascensão da democracia, dos tribunais de arbitragem de paz em lugar das guerras, da igualdade de direitos para as mulheres, da religião da compaixão e de tudo o mais que houver de sintomas da vida declinante. (Ciência compreendida como problema; o que significa ciência? – Ver a respeito o prefácio de *O nascimento da tragédia*.) – Não! Essa "ciência moderna" – vamos abrir os olhos para isso! – é por enquanto a *melhor*

---

82. Andamento.

aliada do ideal ascético, e justamente porque é a mais inconsciente, a mais involuntária, a mais secreta e mais subterrânea! Até agora, eles jogaram um único jogo, os "pobres de espírito"[83] e os antagonistas científicos daquele ideal (resguardemo-nos de pensar, seja dito de passagem, que eles sejam o seu oposto, talvez na qualidade de *ricos de espírito*: – isso eles *não* são; chamei-os de héticos do espírito). Essas famosas *vitórias* dos últimos: indubitavelmente são vitórias – mas sobre o quê? O ideal ascético não foi de forma alguma derrotado nelas, antes se tornou mais forte, isto é, mais inapreensível, mais espiritual, mais capcioso pelo fato de a ciência repetidamente arrancar e quebrar de modo impiedoso uma muralha ou antemuralha que fora construída à sua volta e *embrutecia* seu aspecto. Pensa-se de fato que a derrota da astronomia teológica, por exemplo, significa uma derrota daquele ideal?... Será que o homem se tornou *menos necessitado* de uma solução transmundana para o enigma de sua existência pelo fato de desde então essa existência se apresentar ainda mais fortuita, ociosa e prescindível na ordem *visível* das coisas? Será que justamente o autoapequenamento do homem, sua *vontade* de autoapequenamento, não progride de maneira incontrolável desde Copérnico? Ah, a crença em sua dignidade, singularidade e insubstituibilidade na sequência hierárquica dos seres se foi – ele se tornou um *animal*, animal sem metáfora, desconto e reserva, ele, que em sua antiga crença era quase deus ("filho de deus", "homem-deus")... Desde Copérnico, o homem parece ter caído sobre um plano inclinado – daí por diante, ele rola cada vez mais rápido se afastando do centro – para onde? Rumo ao nada? Rumo ao "sentimento *pungente* de seu nada"[84]?... Pois bem! Precisamente esse seria o caminho reto – rumo

---

83. Mateus 5, 3.
84. Schiller, *Dom Carlos*, ato 2, cenas 1 e 5.

ao *velho* ideal?... *Toda* a ciência (e de forma alguma apenas a astronomia, sobre cujo efeito humilhante e rebaixador Kant fez uma confissão notável: "ela aniquila a minha importância"...[85]), toda a ciência, tanto a natural quanto a *inatural* – é como chamo a autocrítica do conhecimento –, visa hoje dissuadir o homem do respeito que ele teve por si mesmo até agora, como se este não tivesse sido nada senão uma presunção bizarra; poderíamos inclusive dizer que ela tem o seu próprio orgulho, a sua própria e acre forma de ataraxia estoica, em conservar nele esse *autodesprezo* arduamente conquistado como a sua derradeira e mais séria pretensão ao respeito (com razão, de fato: pois o desprezador continua sendo alguém que "não desaprendeu a respeitar"...). Será que isso realmente *contraria* o ideal ascético? Será que realmente ainda se pensa com toda a seriedade (como os teólogos imaginaram por algum tempo) que a *vitória* de Kant sobre o dogmatismo conceitual teológico ("Deus", "alma", "liberdade", "imortalidade"), por exemplo, causou dano àquele ideal? – no que não deve nos importar por enquanto se o próprio Kant teve ao menos a intenção de fazer algo do gênero. Certo é que, desde Kant, toda espécie de transcendentalista tem outra vez o jogo ganho – eles se emanciparam dos teólogos: que felicidade! – ele lhes revelou aquela trilha clandestina pela qual doravante podem seguir por conta própria e com a melhor decência científica os "desejos de seu coração". Da mesma forma: quem doravante poderia levar os agnósticos a mal quando eles, na condição de veneradores do desconhecido e do misterioso em si, adoram agora *o próprio ponto de interrogação como deus*? (Xaver Doudan fala em algum momento dos *ravages* que teria produzido "*l'habitude d'admirer l'inintelligible au lieu de rester tout*

---

85. Ver *Crítica da razão prática*, A 289.

simplement dans l'inconnu"⁸⁶; em sua opinião, os antigos teriam passado sem isso.) Supondo que tudo o que o homem "conhece" não satisfaça seus desejos, antes os contradiz e horroriza, que subterfúgio divino é poder buscar a culpa disso não no "desejar", e sim no "conhecer"!... "Não há qualquer conhecer: *logo* – há um deus": que nova *elegantia syllogismi*⁸⁷! Que *triunfo* do ideal ascético! –

26.

– Ou será que toda a historiografia moderna mostraria uma atitude que denota uma maior certeza de vida, uma maior certeza de ideais? Sua pretensão mais nobre orienta-se agora no sentido de ser um *espelho*; ela recusa toda teleologia; ela não quer "provar" mais nada; ela desdenha fazer o papel de juiz e tem nisso o seu bom gosto – ela não afirma assim como também não nega, ela constata, ela "descreve"... Tudo isso é ascético em alto grau; mas, ao mesmo tempo, é *niilista* num grau ainda maior, não nos enganemos quanto a isso! O que se vê é um olhar triste, duro, mas resoluto – um olho que *olha para fora*, tal como um solitário explorador do polo norte olha para fora (talvez para não olhar para dentro? Para não olhar para trás?...). Aqui há neve, aqui a vida emudeceu; as últimas gralhas que por aqui crocitam se chamam "Para quê?", "Em vão!", "*Nada!*"⁸⁸ – aqui nada mais viceja nem cresce,

---

86. Na verdade, Ximénès Doudan (1800-1872), político e escritor francês. A citação provém de uma carta a M. Piscatory, de 3 de março de 1855: "Não se fez um cálculo exato, a meu ver, dos danos que produziu nos espíritos dos novos tempos o hábito de *admirar* o ininteligível em vez de simplesmente permanecer no desconhecido" (*Lettres* [*Cartas*], Paris, Calmann Lévy, 1879, v. 3, p. 24). O itálico é de Nietzsche.

87. Elegância silogística.

88. Em português (ou espanhol...) no original.

no máximo metapolítica petersburguense e "compaixão" tolstoiana. Porém, no que diz respeito àquela outra espécie de historiadores, uma espécie talvez ainda "mais moderna", uma espécie voluptuosa, lasciva, que namorisca tanto com a vida quanto com o ideal ascético, que usa a palavra "artista" como luva e hoje se apropriou inteiramente do elogio da contemplação: oh, que sede inclusive de ascetas e paisagens invernais despertam essas açucaradas criaturas espirituosas! Não! Que o Diabo leve esse povo "contemplativo"! Quanto mais não prefiro caminhar pelos mais tenebrosos, cinzentos e frios nevoeiros na companhia daqueles niilistas históricos! – sim, não me importaria, supondo que tivesse de escolher, em dar ouvidos inclusive a alguém verdadeiramente a-histórico, anti-histórico (como aquele Dühring, cujos tons embriagam na Alemanha atual uma espécie de "belas almas" até agora ainda tímida, ainda inconfessada, a *species anarchistica* dentre o proletariado instruído). Cem vezes piores são os "contemplativos" –: não conheço nada que provoque tanto nojo quanto tal poltrona "objetiva", quanto tal hedonista perfumado diante da história, meio padreco, meio sátiro, perfume Renan[89], que já com o falsete agudo de seu aplauso denuncia o que lhe falta, *onde* lhe falta, *onde* neste caso a Parca[90] manejou a sua cruel tesoura de modo, ah!, demasiado cirúrgico! Isso repugna ao meu gosto, também à minha paciência: diante de tais visões, conserve a sua paciência quem nada dela tem a perder – irrita-me tal visão, tais "espectadores" me exasperam contra o "espetáculo" muito mais do que o espetáculo (a própria história, compreendem-me);

---

89. Ernest Renan (1823-1892): historiador e filósofo francês. Autor, entre outras obras, de uma *Vida de Jesus*.
90. Cada uma das três deusas que, segundo a mitologia grega, fiavam, enrolavam e cortavam o fio da vida (Cloto, Láquesis e Átropos, respectivamente).

inesperadamente, sobrevêm-me humores anacreônticos.[91] Essa natureza, que deu ao touro o chifre, ao leão o χάσμ᾽ ὀδόντων [92], para que me deu a natureza o pé?... Para pisar, por santo Anacreonte!, e não somente para fugir correndo: para pisotear as poltronas podres, a contemplatividade covarde, o eunuquismo lascivo diante da história, o namoriscar com ideais ascéticos, a tartufice da justiça própria da impotência! Todo o meu respeito pelo ideal ascético, *desde que seja honesto*! Desde que acredite em si mesmo e não nos faça palhaçadas! Mas não gosto de nenhum desses percevejos coquetes cuja ambição por cheirar a infinito é insaciável, até que por fim o infinito cheire a percevejos; não gosto dos sepulcros caiados[93] que simulam a vida; não gosto dos cansados e acabados que se enrolam em sabedoria e olham "objetivamente"; não gosto dos agitadores enfeitados de heróis que usam um capuz mágico[94] de ideal em volta de suas cabeças de palha; não gosto dos artistas ambiciosos que pretendem passar por ascetas e sacerdotes e no fundo são apenas palhaços trágicos; também não gosto dos mais recentes especuladores no idealismo, os antissemitas, que hoje reviram seus olhos de maneira cristão-ariano-bonachona e que, através de um abuso, que esgota qualquer paciência, do mais barato meio de agitação, da pose moral, buscam alvoroçar todos os elementos bovinos do povo (– o fato de *qualquer* tipo de

---

91. Referente a Anacreonte (c. 570-c. 485 a.C.), poeta lírico grego, cantor do vinho e do amor. Parte da frase seguinte provém de uma de suas odes: "A natureza deu ao touro o chifre, ao cavalo os cascos, à lebre a celeridade, ao leão o abismo de dentes (...)".
92. Abismo de dentes.
93. Mateus 23, 27.
94. Na narrativa mitológica germânica da *Canção dos Nibelungos*, capuz que conferia invisibilidade a quem o usasse.

espiritice vertiginosa[95] não ficar sem sucesso na Alemanha atual está ligado ao verdadeiramente inegável e já palpável *esclerosamento* do espírito alemão, cuja causa busco numa alimentação limitada por demais a jornais, política, cerveja e música wagneriana, somada ao que constitui o pressuposto dessa dieta: em primeiro lugar, a constrição e vaidade nacional, o enérgico mas tacanho princípio "Alemanha, Alemanha acima de tudo"[96]; em segundo lugar, porém, a *paralysis agitans*[97] das "ideias modernas"). Hoje a Europa é rica e inventiva sobretudo em excitantes, e parece de nada ter mais necessidade que de estimulantes e aguardentes: daí também a monstruosa falsificação de ideais, essas fortíssimas aguardentes do espírito, daí também o ar repugnante, malcheiroso, mendaz e pseudoalcoólico por toda parte. Gostaria de saber quantos navios carregados de idealismo falsificado, de fantasias de herói e matracas de grandes palavras, quantas toneladas de compaixão etílica açucarada (firma: *la religion de la souffrance*[98]), quantas pernas de pau de "nobre indignação" para o auxílio daqueles cujo espírito tem pés chatos, quantos *comediantes* do ideal cristão-moral teriam de ser hoje exportados da Europa para que o seu ar tivesse novamente um cheiro mais limpo... Em vista dessa superprodução, abre-se evidentemente uma nova possibilidade *comercial*; com pequenos ídolos de ideal e os

---

95. "Espiritice vertiginosa" traduz *Schwindel-Geisterei*, palavra que Nietzsche deriva do termo arcaico *Schwindelgeist*, "espírito vertiginoso", isto é, um espírito ou demônio capaz de provocar tonturas e embriaguez; figuradamente, "fanático".

96. Primeiro verso do poema *A canção dos alemães* (1841), de August Heinrich Hoffmann von Fallersleben (1798-1874), que se tornou hino oficial alemão em 1922, durante a República de Weimar.

97. Paralisia agitante, hoje conhecida como mal de Parkinson.

98. A religião do sofrimento.

respectivos "idealistas" pode-se evidentemente fazer um novo "negócio" – que não se ignore essa indireta! Quem tem coragem suficiente para tanto? – está em nossas *mãos* "idealizar" a Terra toda!... Mas o que falo de coragem: aqui só uma coisa é necessária, precisamente a mão, uma mão desembaraçada, muito desembaraçada...

27.

– Basta! Basta! Deixemos essas curiosidades e complexidades do espírito mais moderno, em que há tanto para rir quanto para se aborrecer: precisamente o *nosso* problema pode passar sem isso, o problema do *significado* do ideal ascético – o que ele tem a ver com o ontem e o hoje! Deverei abordar essas coisas mais profunda e mais duramente em outro contexto (sob o título de "Sobre a história do niilismo europeu"; remeto para tanto a uma obra em preparo: *A vontade de poder: tentativa de uma transvaloração de todos os valores*). O que apenas me importa indicar aqui é o seguinte: mesmo na esfera mais espiritual, o ideal ascético ainda tem, por enquanto, apenas uma espécie de inimigos e *lesadores* reais: são os comediantes desse ideal – pois eles despertam desconfiança. Por toda parte em que hoje o espírito trabalha de modo rigoroso, imponente e sem moedagem falsa, ele prescinde agora de qualquer ideal – a expressão popular para essa abstinência é "ateísmo" –: *descontando-se a sua vontade de verdade*. Porém, essa vontade, esse *resto* de ideal, caso se queira acreditar em mim, é esse próprio ideal em sua formulação mais rigorosa, mais espiritual, inteiramente esotérico, despido de toda exterioridade; sendo assim, não tanto o seu resto quanto o seu *cerne*. O ateísmo incondicional e honesto (– e é somente o *seu* ar que respiramos, nós, os homens mais espirituais desta época!) *não* se encontra portanto em oposição àquele ideal, conforme parece; ele é antes apenas uma de suas últimas fases de desenvolvimento, uma de suas formas terminais e consequências internas – ele é a imponente *catástrofe* de uma disciplina bimilenar para a verdade, que no fim se proíbe a *mentira da crença em Deus*. (O mesmo desenvolvimento na Índia, de maneira totalmente independente e, por isso, provando alguma coisa; o mesmo ideal obrigando à mesma conclusão; o ponto decisivo alcançado cinco séculos antes do calendário europeu, com Buda, ou, mais exatamente: já com a filosofia sanquia, então popularizada por Buda e transformada em religião.) *O que*, perguntando com todo o rigor, realmente *venceu* o deus cristão? A resposta se encontra em minha *Gaia ciência*, seção 357: "a própria moralidade cristã, o conceito de veracidade tomado cada vez mais rigorosamente, a sutileza de confessores da consciência cristã, traduzida e sublimada em consciência científica, em asseio intelectual a todo custo. Ver a natureza como se ela fosse uma prova a favor da bondade e da proteção de um deus; interpretar a história em honra de uma razão divina, como testemunho constante de uma ordem moral do mundo e de intenções morais finais; interpretar as próprias experiências como os homens devotos as interpretaram por bastante tempo, como se tudo fosse a ação da providência divina, tudo fosse uma indicação, como se tudo fosse imaginado e arranjado por amor à salvação da alma: agora isso *é passado*, isso tem a consciência *contra* si, toda consciência mais sutil julga isso indecente, desonesto, patranhas, feminilidade, fraqueza, covardia – se for com alguma coisa, então é com esse rigor que somos precisamente *bons europeus* e herdeiros da mais prolongada e mais valente autossuperação da Europa"... Todas as coisas grandes sucumbem através de si mesmas, por um ato de autossupressão: assim quer a lei da vida, a lei da *necessária* "autossuperação" na essência da vida – por fim, o próprio legislador sempre recebe este chamado: "*patere legem, quam ipse tulisti*".[99] Foi assim que o cristianismo sucumbiu *como dogma*, devido à sua própria moral; é assim que o cristianismo ainda tem de sucumbir agora *como moral* – encontramo-nos no limiar *desse* acontecimento. Depois que a veracidade cristã tirou uma conclusão atrás da outra, ela tira por fim a sua *conclusão mais forte*, a sua conclusão *contra* si mesma; porém, isso acontece quando ela pergunta: "*o que significa toda a vontade de verdade?*"... E aqui toco novamente em meu problema, em nosso problema, meus amigos *desconhecidos* (– pois ainda não *conheço* nenhum amigo): que sentido teria todo o *nosso* ser senão o de em nós aquela vontade de verdade ter tomado consciência de si mesma *como problema?*... É por essa tomada de consciência da vontade de verdade que a moral – não cabe dúvida quanto a isso – doravante *sucumbe*: esse grande espetáculo em cem atos, reservado aos próximos dois séculos da Europa, o mais terrível, mais problemático e quem sabe também mais promissor de todos os espetáculos...

28.

Não consideremos o ideal ascético: e então o homem, o *animal* humano, não teve qualquer sentido até agora. Sua existência na Terra não continha nenhuma meta; "para que o homem, afinal?" – era uma pergunta sem resposta; faltava a *vontade* em favor do homem e da Terra; por trás de cada grande destino humano soava como refrão um "em vão!" ainda maior. É precisamente *isto* que significa o ideal ascético: que algo *faltava*, que uma monstruosa *lacuna* envolvia o homem – ele não sabia justificar, explicar, afirmar a si mesmo, ele *sofria* com o problema do seu sentido. Ele também sofria por outros motivos, ele era no fundo um animal *doentio*: mas o seu problema *não* era o próprio sofrimento, e sim que faltava a resposta para o brado

---

99. Submeta-te à lei que tu mesmo fizeste.

da pergunta "*para que* sofrer?". O homem, o animal mais valente e mais habituado a sofrer, *não* nega o sofrimento em si: ele o *quer*, inclusive o procura, supondo que lhe mostrem um *sentido* para tanto, um *para quê* do sofrimento. A falta de sentido do sofrimento, *não* o sofrimento, era a maldição que até agora se encontrava estendida sobre a humanidade – *e o ideal ascético lhe ofereceu um sentido!* Esse foi, até agora, o único sentido; um sentido qualquer é melhor do que sentido algum; o ideal ascético era, sob todos os aspectos, o "*faute de mieux*" *par excellence*[100] até agora existente. Nele, o sofrimento era *interpretado*; o monstruoso vazio parecia preenchido; a porta se fechou para todo niilismo suicida. A interpretação – não há dúvida – trouxe novo sofrimento consigo, mais profundo, mais interior, mais peçonhento, mais roedor da vida: ela colocou todo o sofrimento sob a perspectiva da *culpa*... Mas, apesar de tudo – o homem fora *salvo* com isso, ele tinha um *sentido*, ele não era mais doravante como uma folha ao vento, um joguete do absurdo, do "sem sentido", ele podia doravante *querer* algo – pouco importando, de início, para onde, para quê, com o que ele queria: *a própria vontade fora salva*. Simplesmente não podemos ocultar a nós mesmos *o que* propriamente expressa todo esse querer que recebeu sua direção do ideal ascético: esse ódio ao que é humano, mais ainda ao que é animal, mais ainda ao que é material, esse horror aos sentidos, à própria razão, esse medo da felicidade e da beleza, essa ânsia de se afastar de toda aparência, mudança, devir, morte, desejo, da própria ânsia – tudo isso significa, ousemos compreendê-lo, uma *vontade de nada*, uma repulsa à vida, uma rebelião contra os pressupostos mais fundamentais da vida, mas é e continua sendo uma *vontade!*... E, para dizer também no fim o que eu disse no início: o homem prefere querer *o nada* a *não* querer...

---

100. "À falta de coisa melhor" por excelência.

Coleção L&PM POCKET

1281. **Da Terra à Lua** – Júlio Verne
1282. **Minhas galerias e meus pintores** – Kahnweiler
1283. **A arte do romance** – Virginia Woolf
1284. **Teatro completo v. 1: As aves da noite** *seguido de* O visitante – Hilda Hilst
1285. **Teatro completo v. 2: O verdugo** *seguido de* A morte do patriarca – Hilda Hilst
1286. **Teatro completo v. 3: O rato no muro** *seguido de* Auto da barca de Camiri – Hilda Hilst
1287. **Teatro completo v. 4: A empresa** *seguido de* O novo sistema – Hilda Hilst
1289. **Fora de mim** – Martha Medeiros
1290. **Divã** – Martha Medeiros
1291. **Sobre a genealogia da moral: um escrito polêmico** – Nietzsche
1292. **A consciência de Zeno** – Italo Svevo
1293. **Células-tronco** – Jonathan Slack
1294. **O fim do ciúme e outros contos** – Proust
1295. **A jangada** – Júlio Verne
1296. **A ilha do dr. Moreau** – H.G. Wells
1297. **Ninho de fidalgos** – Ivan Turguêniev
1298. **Jane Eyre** – Charlotte Brontë
1299. **Sobre gatos** – Bukowski
1300. **Sobre o amor** – Bukowski
1301. **Escrever para não enlouquecer** – Bukowski
1302. **222 receitas** – J. A. Pinheiro Machado
1303. **Reinações de Narizinho** – Monteiro Lobato
1304. **O Saci** – Monteiro Lobato
1305. **Memórias da Emília** – Monteiro Lobato
1306. **O Picapau Amarelo** – Monteiro Lobato
1307. **A reforma da Natureza** – Monteiro Lobato
1308. **Fábulas** *seguido de* **Histórias diversas** – Monteiro Lobato
1309. **Aventuras de Hans Staden** – Monteiro Lobato
1310. **Peter Pan** – Monteiro Lobato
1311. **Dom Quixote das crianças** – Monteiro Lobato
1312. **O Minotauro** – Monteiro Lobato
1313. **Um quarto só seu** – Virginia Woolf
1314. **Sonetos** – Shakespeare
1315. (35). **Thoreau** – Marie Berthoumieu e Laura El Makki
1316. **Teoria da arte** – Cynthia Freeland
1317. **A arte da prudência** – Baltasar Gracián
1318. **O louco** *seguido de* Areia e espuma – Khalil Gibran
1319. **O profeta** *seguido de* O jardim do profeta – Khalil Gibran
1320. **Jesus, o Filho do Homem** – Khalil Gibran
1321. **A luta** – Norman Mailer
1322. **Sobre o sofrimento do mundo e outros ensaios** – Schopenhauer
1323. **Epidemiologia** – Rodolfo Sacacci
1324. **Japão moderno** – Christopher Goto-Jones
1325. **A arte da meditação** – Matthieu Ricard
1326. **O adversário secreto** – Agatha Christie
1327. **Pollyanna** – Eleanor H. Porter
1328. **Espelhos** – Eduardo Galeano
1329. **A Vênus das peles** – Sacher-Masoch
1330. **O 18 de brumário de Luís Bonaparte** – Karl Marx
1331. **Um jogo para os vivos** – Patricia Highsmith
1332. **A tristeza pode esperar** – J.J. Camargo
1333. **Vinte poemas de amor e uma canção desesperada** – Pablo Neruda
1334. **Judaísmo** – Norman Solomon
1335. **Esquizofrenia** – Christopher Frith & Eve Johnstone
1336. **Seis personagens em busca de um autor** – Luigi Pirandello
1337. **A Fazenda dos Animais** – George Orwell
1338. **1984** – George Orwell
1339. **Ubu Rei** – Alfred Jarry
1340. **Sobre bêbados e bebidas** – Bukowski
1341. **Tempestade para os vivos e para os mortos** – Bukowski
1342. **Complicado** – Natsume Ono
1343. **Sobre o livre-arbítrio** – Schopenhauer
1344. **Uma breve história da literatura** – John Sutherland
1345. **Você fica tão sozinho às vezes que até faz sentido** – Bukowski
1346. **Um apartamento em Paris** – Guillaume Musso
1347. **Receitas fáceis e saborosas** – José Antonio Pinheiro Machado
1348. **Por que engordamos** – Gary Taubes
1349. **A fabulosa história do hospital** – Jean-Noël Fabiani
1350. **Voo noturno** *seguido de* Terra dos homens – Antoine de Saint-Exupéry
1351. **Doutor Sax** – Jack Kerouac
1352. **O livro do Tao e da virtude** – Lao-Tsé
1353. **Pista negra** – Antonio Manzini
1354. **A chave de vidro** – Dashiell Hammett
1355. **Martin Eden** – Jack London
1356. **Já te disse adeus, e agora, como te esqueço?** – Walter Riso
1357. **A viagem do descobrimento** – Eduardo Bueno
1358. **Náufragos, traficantes e degredados** – Eduardo Bueno
1359. **Retrato do Brasil** – Paulo Prado
1360. **Maravilhosamente imperfeito, escandalosamente feliz** – Walter Riso
1361. **É...** – Millôr Fernandes
1362. **Duas tábuas e uma paixão** – Millôr Fernandes
1363. **Selma e Sinatra** – Martha Medeiros
1364. **Tudo que eu queria te dizer** – Martha Medeiros
1365. **Várias histórias** – Machado de Assis
1366. **A sabedoria do Padre Brown** – G. K. Chesterton
1367. **Capitães do Brasil** – Eduardo Bueno
1368. **O falcão maltês** – Dashiell Hammett
1369. **A arte de estar com a razão** – Arthur Schopenhauer
1370. **A visão dos vencidos** – Miguel León-Portilla

lepmeditores
www.lpm.com.br
o site que conta tudo

IMPRESSÃO:

PALLOTTI
GRÁFICA

Santa Maria - RS | Fone: (55) 3220.4500
www.graficapallotti.com.br